Mittendrin statt außen vor!

Forum Ethik

Herausgegeben von
Reiner Anselm und Ulrich H. J. Körtner

Band 4

Karl-Hinrich Manzke | Helmut Blanke

Mittendrin statt außen vor!

Zur Rolle der Evangelischen Kirche in einer zunehmend polarisierten Gesellschaft

EVANGELISCHE VERLAGSANSTALT
Leipzig

Helmut Blanke, Dr. theol., Jahrgang 1955, studierte Evangelische Theologie an der Universität Basel, wo er auch promoviert wurde. Von 1989 bis 2000 war er Gemeindepfarrer, anschließend bis 2013 Superintendent und fortan bis 2021 Evangelischer Dekan der Bundespolizei.

Karl-Hinrich Manzke, Dr. theol., Jahrgang 1958, studierte Evangelische Theologie und Philosophie und wurde in München promoviert. Nach seiner Zeit als Gemeindepfarrer (1988–1995) leitete er drei Jahre lang ein Predigerseminar. Von 1998 bis 2009 war er Superintendent und wirkte im Anschluss 15 Jahre als Landesbischof der Evangelisch-Lutherischen Landeskirche Schaumburg-Lippe. Zudem war er von 2014 bis 2024 Catholica-Beauftragter der VELKD und von 2011 bis 2026 Beauftragter des Rates der EKD für die Seelsorge in der Bundespolizei.

Die Deutsche Nationalbibliothek verzeichnet diese Publikation in der Deutschen Nationalbibliographie; detaillierte bibliographische Daten sind im Internet über http://dnb.dnb.de abrufbar.

Printed in Germany

Das Buch wurde auf alterungsbeständigem Papier gedruckt.

Bei Fragen zur Produktsicherheit wenden Sie sich bitte an info@eva-leipzig.de.

Cover: Zacharias Bähring, Leipzig
Satz: 3w+p, Rimpar
Druck und Binden: BELTZ Grafische Betriebe GmbH, Bad Langensalza

ISBN 978-3-374-08070-0 // eISBN (PDF) 978-3-374-08071-7
www.eva-leipzig.de

Präsident Dr. Dieter Romann
sowie allen Angehörigen der Bundespolizei
mit aufrichtigem Dank, tiefem Respekt und großer Bewunderung
für den täglichen Einsatz für Gerechtigkeit, Sicherheit,
inneren Frieden und unser Land

Vorwort

Dieses Buch widmet sich der Beschreibung der öffentlichen Rolle der Evangelischen Kirche in Staat und Gesellschaft. Die gegenwärtige Debatte darum, wie diese Rolle im Selbstverständnis des Protestantismus zutreffend bestimmt werden kann, ist wichtig für die Kirche selbst. Denn der Protestantismus ist aus sich selbst heraus darauf ausgerichtet, die Gegenwartskultur und das gesellschaftlich-politische Leben konstruktiv mitzugestalten.

Die Debatte ist aber möglicherweise auch für die Politik und die bundesrepublikanische Gesellschaft selbst nicht ohne Interesse. Denn der demokratische Verfassungsstaat braucht Debatten darüber, was ihn zusammenhält und Orientierung geben kann.

Unser Beitrag unter dem Titel »Mittendrin statt außen vor. Zur Rolle der Evangelischen Kirche in einer zunehmend polarisierten Gesellschaft« ist erstens inspiriert durch die Erfahrungen, die wir in unserem Berufsleben an sehr unterschiedlichen Orten gesammelt haben. Mit der Ordination und der Berufung in den kirchlichen Dienst werden die Geistlichen in der Evangelischen Kirche – in lutherischer wie reformierter Konfessionsprägung – darauf verpflichtet, die Gemeinden, für die sie Mitverantwortung tragen, nach allen Kräften zu fördern und der Kirche Jesu Christi lebenslang zu dienen. Das haben wir nach unseren Kräften und mit großer Freude und Leidenschaft getan; dem sind wir bleibend verpflichtet. Dabei wurde uns im Laufe der Jahre immer deutlicher, dass gerade um der Förderung des kirchlichen und gemeindlichen Lebens willen die intensive Bemühung um die gesellschaftliche Anschlussfähigkeit der Kirche immer wichtiger wird. Um Kontakt zu den Menschen in Gemeinwesen, Stadt und Land zu gewinnen, ist die verlässliche Zusammenarbeit mit Verbänden, Institutionen, Bildungseinrichtungen, Kulturinitiativen und Vereinen entscheidend – auch und besonders für die Kirche selbst, aber auch für die überaus wichtige gemeinsame Förderung des Zusammenhaltes in der Gesellschaft.

Wir haben erlebt, wie fruchtbar die Zusammenarbeit mit den unterschiedlichsten Institutionen, Verbänden, Vereinen und Initiativen für ein Gemeinwesen bzw. eine Region ist, und zugleich, wie viel Resonanz und breite Zustimmung an dieser Stelle aktives kirchliches Handeln erfährt.

Die großartigen Erfahrungen in der Zusammenarbeit mit Handwerk, Landwirtschaft, Schulen, Initiativen, Kulturvereinen, Schützenverbänden, Feuerwehren, der Unternehmerschaft, den Sportvereinen, die sich weit außerhalb der Kirchenmauen ereignen durften, haben uns in unserem Berufsleben geprägt. Viel stärker, als das in der Ausbildung zum Pfarrberuf einst und auch gegenwärtig thematisiert wurde bzw. wird, ist das für die Gegenwart und Zukunft der Kirche wichtig.

Das Gemeinsame bzw. den Zusammenhalt aktiv zu fördern in einer Stadt, in einem Gemeinwesen, das Verbindende konkret zu stützen und mit allen, die sich um das Gemeinwohl bemühen, zusammenzuarbeiten und sie in ihrem Handeln zu unterstützen – das steht der um das Gemeinwohl bemühten Kirche auf allen Ebenen ihres Handelns gut an!

Zweitens ist unser Beitrag inspiriert durch die Debatte um Ton, Zielrichtung und Aufgabe öffentlicher kirchlicher Stellungnahmen – von der Bundesebene und Landesebene bis zum örtlichen Bereich. Diese Debatte ist in vollem Gange.[1] Sie kreist auch um die Frage, ob die gern gewählte Selbstbeschreibung der Kirche als exklusive Mahnerin und Wächterin für Menschlichkeit und Barmherzigkeit zutreffend ist. Jedenfalls, so meinen wir, bedarf diese Frage dringend der produktiven Klärung. Die Bestimmung der Rolle der Kirche als exklusive Mahnerin und Wächterin ist im liberal-demokratischen Verfassungsstaat unangemessen und irreführend. Die Weiterführung bzw. Beibehaltung dieser selbstgewählten Rolle ist schädlich für die Kirche selbst, weil sie ihre Marginalisierung fördert und beschleunigt. Sie bleibt dann eher außen vor statt mittendrin in der Gesellschaft.

Zu der Debatte um die öffentliche Rolle der Evangelischen Kirche wollen wir einen Beitrag liefern mit unseren Erkenntnissen und Perspektiven aus Leitungsaufgaben in zwei Landeskirchen der EKD, aus Tätigkeiten in einem mittleren Leitungsamt, im Bischofsamt sowie aus unserer gemeindlichen Arbeit. Darüber hinaus wollen wir unsere Erfahrungen aus der Seelsorge- und Bildungsarbeit und aus der Leitung einer Dienststelle der Bundespolizei, einer staatlichen Behörde, einbringen – Erfahrungen, wie sie sich aus dem bisherigen Staat-Kirche-Verhältnis ergaben. Die aus diesen Aufgaben gewonnenen Einsichten sind gewiss begrenzt und persönlich gefärbt, umfassen aber ganz unterschiedliche Ebenen kirchlichen Handelns: von der Ortsgemeinde bis zur EKD.

Ein Blick in parlamentarische und gesellschaftliche Debatten in der Bundesrepublik Deutschland aus vergangenen Jahrzehnten zeigt, dass auch in früheren Zeiten heftig gestritten wurde. Insofern liegt es nahe zu hinterfragen, ob das im Journalismus und der Politik vielfach bemühte Wort von der »zunehmend polarisierten Gesellschaft« wirklich pauschal zutreffend ist. Möglicherweise speist sich dieser vielfach geäußerte Eindruck, dass der Ton in der Gesellschaft rauer, die Angriffe auf Rettungsdienste und Polizei häufiger und die in den sozialen Netzwerken geäußerten Beleidigungen und Drohungen immer unerträglicher werden, auch zu einem großen Teil aus den in früheren Zeiten

---

[1] Vgl. z.B. Ingolf U. Dalferth, Die Krise der öffentlichen Vernunft. Über Demokratie, Urteilskraft und Gott, Leipzig 2022; ebenfalls Ulrich H. J. Körtner, Für die Vernunft. Wider Moralisierung und Emotionalisierung in Politik und Kirche, Leipzig 2017² sowie die Beiträge in dem Band Bild der Welt und Geist der Zeit. Dem Zerfall von Kirche und Gesellschaft begegnen, hrsg. v. Sebastian Kleinschmidt u. a., Leipzig 2024.

noch unbekannten Aktivitäten in digitalen Kommunikationsnetzen. Verdeckte Kommunikation enthemmt Menschen bisweilen in erschreckender Weise. Wir beobachten auch, dass abweichende Meinungen im politischen Diskurs oft sehr schnell als radikal, extremistisch oder diskriminierend eingestuft werden. Wir wollen mit unserem Beitrag einen Anstoß geben, die häufige Rede von einer polarisierenden Gesellschaft differenzierter und nüchterner zu betrachten.

Jedenfalls nehmen wir dieses vielfach geäußerte Unbehagen an überhitzen und scharfen Debatten im Titel auf. Demokratische Debatten brauchen in Ton und Haltung Respekt gegenüber anderen Positionen, Zurückhaltung im schnellen Urteil, Selbstbeschränkung in der Tonalität und in der moralischen Diskreditierung anderer sowie Neugier auf Positionen, die gern schnell und bisweilen voreilig verurteilt werden. Dazu aktiv beizutragen, sind die evangelischen Kirchen von ihrem Selbstverständnis her gefordert. Sie trauen dem Argument etwas zu und sorgen für sachliche Debatten, wenn sie denn ihren eigenen Grundsätzen folgen. Und Kirche traut sich auch zu, schwierige Debatten anzustoßen und allzu schnell tabuisierte Positionen im Gespräch zu halten – im Wissen darum, dass eine liberale Demokratie vom produktiven Streit um den richtigen Weg und die besten Entscheidungen lebt.

Drittens ist unser Beitrag inspiriert durch die vielfach an uns herangetragene Bitte, unsere in vielen Debatten und Gesprächen geäußerten Erfahrungen und Überzeugungen einem größeren Kreis öffentlich zu machen. Insbesondere Professor Reiner Anselm danken wir dafür, dass er uns zu diesem Buch ermutigt hat und es in der von ihm und Professor Ulrich H. J. Körtner herausgegebenen Reihe »Forum Ethik« in der Evangelischen Verlagsanstalt erscheinen kann.

Wir haben vielen Menschen zu danken, die uns in unseren Berufsfeldern unterstützt, mit uns gearbeitet und uns Vertrauen geschenkt haben.

Wir danken der Bundespolizei, die für unser Land, seine Sicherheit und für die Demokratie eine herausragende Rolle spielt. Wir haben über viele Jahre die Seelsorge- und Bildungsarbeit in der Bundespolizei mitgestalten dürfen. Wir haben an vielen Orten im In- und Ausland erlebt, wie umsichtig, entschlossen und zugewandt die Frauen und Männer in der Bundespolizei ihren Dienst tun, wenn es um die Wahrung von Sicherheit und den Schutz der Menschenwürde geht; wir haben gesehen und erlebt, wie sie die Würde und Rechte der Menschen im Blick haben, in schwierigen Lagen die Ruhe bewahren, friedliche Lösungen auch in extremen Herausforderungen suchen und Zwang anwenden, wenn dieses nötig wird. Ihnen allen sagen wir Dank für ihr Vertrauen in die Zusammenarbeit mit uns. Dem Präsidenten des Polizeipräsidiums in Potsdam, Dr. Dieter Romann, und allen Frauen und Männern der Bundespolizei ist dieser Band gewidmet.

Auch möchten wir an dieser Stelle den vielen Verbänden, Institutionen, Schulen, Kulturschaffenden, Vereinen und Initiativen im Schaumburger Land von Herzen danken, mit denen um der Förderung des Gemeinwohls und der

Menschen willen zusammenzuarbeiten eine große Freude und Ehre war. Die gemeinsame Zeit bleibt unvergessen und sehr wertvoll!

Reiner Anselm und Christian Albrecht sei gedankt für die Impulse, die sie in der Debatte um die öffentliche Rolle des Protestantismus mit ihren Arbeiten gesetzt haben.

Der Evangelischen Verlagsanstalt und insbesondere Frau Dr. Annette Weidhas sei für die freundliche Betreuung bei der Veröffentlichung und für alle erfahrene Unterstützung gedankt, Reiner Anselm und Ulrich H. J. Körtner nochmals für die Aufnahme in ihre Reihe »Forum Ethik«!

Potsdam/Hamburg, im November 2025
Helmut Blanke/Karl-Hinrich Manzke

Inhalt

Einleitung *(Karl-Hinrich Manzke)* 13
Worum es uns geht und welche Ziele dieses Buch im Blick hat 13

Kapitel I Analysen von Stellungnahmen und Äußerungen der Evangelischen Kirche in Deutschland (EKD) 21
1. Stellungnahmen aus der Leitung der EKD zu Migration und Sicherheit – das unzureichende Selbstbild von der Kirche als der exklusiven Mahnerin und Wächterin für Menschenrechte und Barmherzigkeit *(Karl-Hinrich Manzke)* 21
2. Die kirchlichen Debattenbeiträge zu Fragen der Energie- und Klimapolitik – eine unprotestantische Lust an der Unfehlbarkeit *(Helmut Blanke)* 30
3. Der Umgang mit der AfD und die evangelische Kirche – die erstaunliche Verweigerung eines Diskurses *(Helmut Blanke)* ... 37
4. Die Evangelische Kirche und die Impfpflichtdebatte in der Corona-Pandemie – die leichtfertige Bereitschaft, einen Diskurs vorzeitig zu beenden *(Helmut Blanke)* 47
5. Ein problematisches Muster 53

Kapitel II Die Kirche als Zeichen und Hinweis auf das Reich Gottes – Impulse aus dem Verständnis der Kirche im modernen Protestantismus *(Karl-Hinrich Manzke)* 55

Kapitel III Das Modell des Öffentlichen Protestantismus – der Entwurf von Reiner Anselm und Christian Albrecht *(Helmut Blanke)* 65

Kapitel IV Handlungsfelder der Evangelischen Kirche in öffentlicher Verantwortung 71
1. Vorspann *(Karl-Hinrich Manzke)* 71
2. Die Förderung des Handwerks als herausgehobenes Beispiel des gesellschaftlichen Engagements der Kirche – eine Frage der Ehre *(Karl-Hinrich Manzke)* 73
3. Die Kooperation mit den Schulen als entscheidendes Aufgabenfeld eines seinen Ursprüngen verpflichteten Protestantismus – die Bildungsaufgabe der Evangelischen Kirche und die Entdeckung neuer Formen der Gemeindebildung *(Karl-Hinrich Manzke)* 81

4. Vertrauensförderung zwischen den Religionsgemeinschaften als gesellschaftlicher Auftrag der Kirchen *(Karl-Hinrich Manzke)* ... 87
5. Verantwortung für das Gemeinwohl und der Gottesglaube - eine segensreiche und vernünftige Verbindung *(Karl-Hinrich Manzke)* ... 91
6. Die Seelsorge und Bildungsarbeit in der Bundespolizei - ein entwicklungsfähiges und gelungenes Modell eines Staat-Kirchen-Verhältnisses *(Helmut Blanke)* ... 99

Kapitel V Thesen zur öffentlichen Rolle der Evangelischen Kirche ... 111
Der Öffentlichkeitscharakter des Protestantismus ... 111
Die säkulare Gesellschaft und die protestantische Kirche ... 112
Die lokale, regionale und überregionale Rolle und Bedeutung der Evangelischen Kirche ... 113

Literaturverzeichnis ... 117

Einleitung

Worum es uns geht und welche Ziele dieses Buch im Blick hat

Der Blick auf die aktuellen Debatten und erklärten Vorhaben der Synoden der evangelischen Landeskirchen in Deutschland verdeutlicht dem Beobachter, dass sich die evangelischen Landeskirchen wie auch die EKD wieder einmal im Krisenmodus befinden. Die Landeskirchen haben seit vielen Jahrzehnten einen dramatischen Mitglieder- und Vertrauensverlust zu verzeichnen.[2] Sie haben zugleich die herausfordernde Aufgabe vor sich, bei zurückgehenden Finanzen und abnehmenden Personalressourcen – die Studentenzahlen für die kirchlichen Berufe sind in den letzten zehn Jahren dramatisch zurückgegangen – Bedingungen dafür zu schaffen, dass die Evangelische Kirche in Deutschland in ihren konfessionellen Prägungen erkennbar und handlungsfähig bleibt: erkennbar als eine Institution, die für Menschen in ihren Lebensübergängen in erreichbarer Nähe und mit ortsnahen Strukturen überhaupt ansprechbar und hilfreich ist. Handlungsfähig im Sinne einer Institution, die in unterschiedlichen Sozialräumen – vom Dorf bis zu den Großstädten – am öffentlichen Leben und gesellschaftlichen Diskurs aktiv teilnimmt sowie prägende Orte der Lebensunterstützung anbietet.

Mitglieder- und Vertrauensverluste verunsichern eine Organisation und lassen sie unter deutlich veränderten Bedingungen nach ihren Zielen und Aufgaben fragen. Dabei hat die Evangelische Kirche in Deutschland schon seit den 70er Jahren des letzten Jahrhunderts einige Veränderungsprozesse hinter sich. Diese sind zutreffend beschrieben worden als Entwicklung von einer staatsanlogen, flächendeckenden Organisation im Sinne einer Volkskirche zu

---

2 Nach Angaben des Kirchenamtes der EKD lag der Anteil der evangelischen Christenmenschen 1971, bezogen auf die Bevölkerung in Deutschland, bei 51 % (31 Millionen Mitglieder), 2024 bei knapp 20 % (17,95 Mill.); siehe https://www.ekd.de/statistik-kirchenmitglieder-17279.htm.

einer intermediär tätigen Sozialform,[3] die zwischen Interessen und Positionen in der Gesellschaft eine vermittelnde Rolle einnimmt und den Gottesbezug einbringt und offenhält.

Die Debatten in den evangelischen Landeskirchen um die zukünftige Gestalt und die wesentlichen Aufgaben der Kirche sind also im vollen Gange; sie kreisen dabei auch um die Frage der wesentlichen Aufgaben im öffentlichen Wirken. Es gibt gewichtige Stimmen bei den Entscheidungsträgern in den Kirchen, die nun eine »Konzentration auf das Wesentliche« verlangen, womit in der Regel gemeint ist, die gemeindlichen Strukturen der Kirche zumindest einigermaßen zu erhalten, darauf alle Kräfte zu konzentrieren und alle anderen Aufgaben im öffentlichen Raum zu überprüfen und ggf. zu minimieren.

Kirchliches Handeln steht im Selbstverständnis des Protestantismus unter mehreren Aspekten in öffentlicher Verantwortung. Zum ersten aus dem inneren Selbstverständnis der Kirche heraus – das Evangelium öffentlich zu machen und seine befreiende Kraft und Bedeutung in das gesellschaftliche Leben einzubringen. Zum zweiten gilt der Satz von der unbedingten öffentlichen Verantwortung der protestantischen Kirche aufgrund der vertraglichen Bindungen der Evangelischen Kirche in Deutschland, z.B. in Polizei und Bundeswehr, aber auch bezogen auf die Seelsorge in öffentlichen Räumen, von den Krankenhäusern über die Pflegeeinrichtungen bis zur Seelsorge in Justizvollzugsanstalten. Hinzu kommt die in der bundesdeutschen Verfassung in Art. 7 des GG prominent festgehaltene Mitwirkung beim Religionsunterricht an öffentlichen Schulen. In allen Bereichen gibt es eine vertraglich unterfütterte und beschriebene Partnerschaft zwischen Staat und Kirche.[4] Zum dritten ist die Kirche an Gesetzgebungsverfahren in Bund und Ländern als eine der großen gesellschaftlichen Gruppen in parlamentarischen Stellungnahmeverfahren beteiligt, insbesondere in Fragen des Sozialen und der ethischen Orientierungen bei den Themen zu Leben und Tod.

Schließlich gilt der Öffentlichkeitsbezug kirchlichen Handelns bezogen auf Äußerungen der Evangelischen Kirche zu gesellschaftlichen Entwicklungen und die aus dem Protestantismus heraus gewollte Beteiligung am öffentlichen Diskurs über den wünschenswerten Weg unseres Landes. Dem Protestantismus

---

3 Wolfgang Huber, Kirche in der Zeitenwende, 267 ff.; auch schon Michael Welker, Kirche im Pluralismus, Gütersloh 1995.

4 Kein Geringerer als Bundeskanzler Helmut Schmidt hat in diesem Zusammenhang davon gesprochen, dass noch niemals in der deutschen Geschichte der Freiraum für die Verkündigung, für Seelsorge und Diakonie so groß, so unbegrenzt gewesen ist wie in dem bundesdeutschen Verfassungsstaat – genauso gelte das für das erreichte »Maß gegenseitigen Verstehens und der Zusammenarbeit zwischen Staat und Kirche«. Vgl. Bulletin der Bundesregierung 1977, Nr. 45, S. 406f.

ist in seinen unterschiedlichen Erscheinungsformen von Anfang an der Bezug zum Politischen und zur gesellschaftlichen Mitwirkung eigen.[5]

Um die moderne und vor allem angemessene Beschreibung des Öffentlichkeitsauftrages im protestantischen Christentum ist es uns in diesem Buch zu tun – sie liegt uns am Herzen und hat uns persönlich über unser ganzes Berufsleben hinweg umgetrieben und inspiriert. Das Nachdenken und die Debatte darüber lohnen sich. Wollen die Kirchen in Deutschland am öffentlichen gesellschaftlichen Diskurs teilnehmen und auch gehört werden, so ist es unerlässlich, dass sie selbst ihr Rollenverständnis im modernen Verfassungsstaat klären.

Beide großen Kirchen in Deutschland haben einige Zeit dafür gebraucht, ihr Verhältnis zum demokratischen Verfassungsstaat grundsätzlich zu bedenken und zu reflektieren. Sie haben das aber im Sinne einer Wertschätzung, ja eines gewissen Bekenntnisses zum demokratisch verfassten Staat – je für sich – getan.[6] Die beiden großen Kirchen sind sich in ihrer jeweiligen Prägung darin einig, dass der demokratisch verfasste Staat insbesondere die Orientierung an der Würde jedes Menschen besser als andere politische Systeme realisiert. Die Demokratie fördere zudem die Teilhabe der Bürger, organisiere den fairen Ausgleich von Interessen, regele den Ausgleich zwischen marktwirtschaftlichen Interessen und sozialen Verpflichtungen und sorge für friedliche Konfliktlösungen nach innen und außen. Insofern sei der demokratische Verfassungsstaat aus christlicher Sicht zu schützen und zu unterstützen.

Auf diesem Hintergrund ist es nötig und folgerichtig, wenn auch die Beschreibung der eigenen Rolle in Staat und Gesellschaft daran ausgerichtet wird; sie muss im demokratisch organisierten Verfassungsstaat ganz offensichtlich anders bestimmt werden als in einem feudalen Staat bzw. in einer absoluten Monarchie oder gar einer Diktatur. Wenn die öffentliche Verantwortung der Kirche sachgerecht und zutreffend gefasst wird, dann ist das ein wichtiger Beitrag zur gesellschaftlichen Aufgabenstellung für die Kirche und damit für ihre Selbstvergewisserung – auch unter den Bedingungen rückläufiger Mitgliedschaft und erkennbar schwindender gesellschaftlicher Bedeutung.

Dafür plädieren wir in diesem Beitrag: für eine mutige und im besten Sinne vermittelnde Rolle der Kirche in öffentlichen Debatten, die in mancher Hinsicht

---

5 Vgl. Friedrich W. Graf, Protestantismus, Berlin 2017 und Karl-H. Manzke, Protestantismus. Evangelisches Lexikon für Theologie und Gemeinde, Bd. 3, Berlin 2025, 1054 ff. sowie Heinz Schilling, Das Christentum und das moderne Europa, besonders 67 ff.

6 Für die Evangelische Kirche in Deutschland grundlegend die Denkschrift »Evangelische Kirche und freiheitliche Demokratie« von 1985; für die Deutsche Katholische Bischofskonferenz u. a. »Christliche Verantwortung in veränderter Welt« von 1990; als gemeinsames Wort der beiden Kirchen: »Vertrauen in die Demokratie stärken« von 2024.

wieder an Schärfe zugenommen haben. Wir wünschen uns eine Evangelische Kirche, die es sich nicht zu leicht macht mit allzu schnellen Positionierungen, sondern aktiv dazu beiträgt, dass in aufgeregten Debatten Sachlichkeit und Ausgewogenheit nicht untergehen und Minderheitenmeinungen nicht verächtlich gemacht werden.

Diese im besten Sinne vermittelnde Rolle in Politik und Gesellschaft hat die Evangelische Kirche durchaus einmal gespielt in der Bundesrepublik – im Zusammenhang mit der Wende in der deutschen Ostpolitik in den 60er und 70er Jahren und auch in der seinerzeit sehr aufgeheizten Debatte um die sogenannte Nachrüstung in den 80er Jahren des 20. Jahrhunderts. Seinerzeit waren Evangelische Akademien äußerst wichtig für den öffentlichen Diskurs, weil sie Positionen, die sich beinahe feindlich gegenüberstanden, ins Gespräch miteinander zu bringen vermochten. Öffentliche Äußerungen und Denkschriften der Evangelischen Kirche waren ausgleichend und mutig zugleich formuliert, führten Menschen und Positionen zusammen und trugen damit zum gesellschaftlichen Frieden und Ausgleich bei.[7]

Wir meinen: Diese wirklich mutige und vermittelnde Rolle sollte die Evangelische Kirche in Deutschland wieder ausfüllen. Die Kirchen insgesamt sind dafür geeignet, eine solche Rolle in der Öffentlichkeit einzunehmen, weil sie in sehr unterschiedlichen Milieus und gesellschaftlichen Bereichen aktiv sind – von der Flüchtlingshilfe bis zu Polizeiseelsorge, von der breiten diakonischen und sozialen Arbeit bis zur Partnerschaft mit Unternehmerverbänden.[8]

Dafür muss die Kirche allerdings enthaltsamer werden, sich zu allen möglichen tagespolitischen Fragen zu äußern, und zugleich viel mutiger, weit auseinanderliegende Meinungen ins Gespräch bringen zu wollen. Wir vertrauen in unserem Beitrag aber auf die Diskurskompetenz des Protestantismus, auf die Erneuerungskräfte in den protestantischen Kirchen und auf die in der Vergangenheit bewiesene Leidenschaft des evangelischen Christentums, das gesellschaftliche Leben in allen Bereichen konstruktiv mitgestalten zu wollen.

Wenn sich die Evangelische Kirche in Deutschland mit ihren leitenden Organen öffentlich zu Wort meldet, geschieht dies seit Jahren gern in dem Gestus der Wächterin und Mahnerin, die sich quasi in erhöhter Position befindet und von dort aus politische Entscheidungen und gesellschaftliche Entwicklungen kommentiert und beurteilt. Diese Selbstbeschreibung als Inhaberin eines exklusiven Wächteramtes ist wieder zur Mode geworden. Ihre Stimme sei nötig, so sprechen leitende Kirchenleute aus der EKD, um die politischen Akteure und die

---

[7] Vgl. z. B. die Denkschrift »Die Lage der Vertriebenen und das Verhältnis des deutschen Volkes zu seinen östlichen Nachbarn« von Oktober 1965, die die deutsche Außenpolitik mit motiviert hat; siehe Erwin Wilkens, Vertreibung und Versöhnung. Die Ostdenkschrift als Beitrag zu deutschen Ostpolitik, Hannover 1986.

[8] So z. B. über den Verein »Arbeitskreis Evangelischer Unternehmer« mit Sitz in Berlin.

Öffentlichkeit daran zu erinnern, dass die Entscheidungen in wichtigen gesellschaftlichen Angelegenheiten an der Wahrung der Menschenwürde, der universellen Geltung der Menschenrechte und den Prinzipien des christlich-jüdischen Menschenbildes auszurichten seien. Wenn die Kirchen das nicht tun würden – zu mahnen und unermüdlich zu wachen –, dann würden diese wichtigen Errungenschaften der modernen politischen Kultur ganz gewiss missachtet oder gar vergessen werden.[9]

Andere Selbstbeschreibungen des Öffentlichkeitsauftrages der Evangelischen Kirche sprechen gerne davon, dass die Kirche als Moralagentur des Staates bzw. der Gesellschaft eine Dienstrolle für den Verfassungsstaat einnehme. Diese, das Verbindende darstellende und stärkende, Rolle könne und müsse die Kirche einnehmen, solange sie in vertraglichen Bindungen gegenüber dem Staat stehe, so votiert Bischof Wolfgang Huber.[10] Man bediene sich staatlicherseits der Kirchen gerne in öffentlichen Kontexten und bei besonderen festlichen Gelegenheiten, um die Wertebindung von Staat und Gesellschaft zur Darstellung zu bringen.

Diese genannten Selbstbeschreibungen bleiben nach unserer Einschätzung deutlich zurück hinter dem, was der Protestantismus nach seinem Selbstverständnis und aus seiner eigenen kirchlichen Tradition sein will. Das wollen wir in diesem unseren Beitrag zeigen.[11]

---

9 »Wir wollen in den Umsetzungsprozessen der Agenda 2030 Mahnerin, Mittlerin und Motor sein. Wir wollen zur Umkehr mahnen«, heißt es z. B. in dem EKD-Text 130, »Geliehen ist der Stern, auf dem wir leben« von 2018, 7. Und weiter: In den meisten und wesentlichen Zukunftsfragen »müssen die Kirchen noch deutlicher und hörbarer als bisher als Mahnerinnen auftreten« (EKD-Text 130,32) – zu finden unter https://www.ekd.de/ekd_de/ds_doc/ekd_texte_130_2018.pdf. (zuletzt abgerufen am 14. 01. 2026). Auch in Fragen der Flüchtlings- und Sicherheitspolitik ist diese Selbstbeschreibung der kirchlichen Rolle als exklusive Mahnerin und Wächterin über Menschenwürde und Barmherzigkeit immer wieder gerne und von vielen Leitungspersonen der EKD aufgerufen und herangezogen worden (www.merkur.de/politik/landesbischof-bedford-strohm-ekd-praeses-kirche-muss-sich-aendern-92573682.html). Dazu siehe unten, Kapitel I,1. S. 21 ff.

10 Huber, Zeitenwende, 305 ff. Vgl. Hans Joas, Kirche als Moralagentur? München 2017; Ulrich H. J. Körtner, Für die Vernunft. Wider Moralisierung und Emotionalisierung in Politik und Kirche, Leipzig 2017.

11 Wir übersehen dabei keineswegs, dass die öffentliche Wirksamkeit der Evangelischen Kirche in Wort und Tat auf den unterschiedlichsten Ebenen durchaus vielfältiger und differenzierter ist, als das hier pointiert beschrieben wird. Die Positionierung der leitenden Gremien der EKD im Sinne einer exklusiven Mahnerin zu Barmherzigkeit, Nachhaltigkeit im Umgang mit der Natur und Wächterin über die Wahrung der Menschenwürde allerdings ist schon über einen langen Zeitraum dominant und wirkt auch schulbildend für andere Ebenen kirchlichen Handelns.

Die Selbstbeschreibungen des Öffentlichkeitsauftrages der Kirche als Wächterin der Menschenwürde und Mahnerin für Menschlichkeit und Barmherzigkeit stammen aus längst vergangenen Zeiten, aus vordemokratischen Gesellschaftsstrukturen, und reichen nicht mehr aus, um die gegenwärtigen Aufgaben der Kirche angemessen zu beschreiben. Es ist evident, dass »die Lernerfahrungen [der Kirche] aus totalitären Systemen« nicht ungebrochen »als Anspruch auf Anwaltschaft und Wächteramt der Kirche« anzuwenden sind, weil im »Verfassungsstaat der Christ Bürger ist und nicht Untertan«.[12]

Die Rolle der protestantische Kirche ist aus unserer Sicht eher darin zu sehen, das Vertrauen in die Rahmenbedingungen und die Verfahren einer freiheitlich-rechtsstaatlichen Demokratie zu stützen und durch offene Debattenhaltung dabei aktiv mitzuwirken, dass politische Entscheidungen möglich werden, ohne dass sie eine Gesellschaft zerreißen.[13] Gerade dann, wenn öffentliche Debatten in großer Schärfe geführt werden, kann und sollte sich diese mutige und eher vermittelnde Rolle der Kirche nach protestantischem Verständnis bewähren.

In den letzten Jahren ist von Reiner Anselm und Christian Albrecht das Programm des Öffentlichen Protestantismus, das die Rolle und den Öffentlichkeitsauftrag des Protestantismus sowie der Evangelischen Kirche in diesem angedeuteten Sinn beschreibt, in mehreren Beiträgen entwickelt worden.[14] Dabei haben sie insbesondere die öffentlichen und politischen Stellungnahmen der Leitungsgremien der EKD kritisch in den Blick genommen und nach eigener Darstellung die Idee einer Öffentlichen Theologie konstruktiv weiter entwickelt.[15]

In dem Programm des Öffentlichen Protestantismus, wie es Christian Albrecht und Reiner Anselm vorgelegt haben, sehen wir eine sehr durchdachte und konstruktive Programmatik für den modernen Öffentlichkeitsauftrag der Kirche entfaltet. Sie könnte kirchliches Handeln und kirchliche Beiträge aus dem Umfeld des Protestantismus auf allen Ebenen leiten, zumal in diesem Programm ein Konzept vorliegt, das das christliche Bekenntnis und den

---

12 Anselm/Albrecht, Öffentlicher Protestantismus, 28.

13 Richard von Weizsäcker, Bundespräsident a.D., sprach in seinem Grußwort vor der EKD-Synode in Borkum 1996 davon, dass er die gesellschaftliche, öffentliche Aufgabe der Evangelischen Kirche so angemessen und sachgerecht beschrieben sehe, dass sie nicht Tagespolitik mache, sondern dabei helfe, »politische Entscheidungen möglich zu machen«. Vgl. Synodenakten der EKD-Synode, Borkum 1996, 154.

14 Reiner Anselm/Christian Albrecht, Öffentlicher Protestantismus sowie Anselm/Albrecht, Differenzierung und Integration.

15 Vgl. Anselm/Albrecht, Differenzierung und Integration, 211 – dazu siehe unten Kapitel III.

christlichen Glauben in seiner konstruktiven Kraft für die aktive Mitgestaltung der modernen demokratischen Gesellschaft zur Sprache bringt.[16]

Wir beginnen nach dieser Einleitung in Kapitel I zunächst mit Darstellung und Analyse von Stellungnahmen der Leitungsorgane der EKD, insbesondere des Rates und der Synode, zu zentralen politischen Themen und Entwicklungen in Deutschland und Europa: zunächst im Hinblick auf die Migrations- und Sicherheitspolitikpolitik seit 2015, dann im Bezug auf Debattenbeiträge zur Klima- und Energiepolitik sowie schließlich im Hinblick auf den Diskurs und den Umgang mit der AfD. Hinzu kommen Positionierungen der Evangelischen Kirche in Deutschland aus der Zeit der Corona-Pandemie. Dabei werden von uns leitende Selbstbeschreibungen des kirchlichen Öffentlichkeitsauftrages einer Analyse und Kritik unterzogen. Dabei kann es uns nicht darum gehen, diese Sachthemen im Detail und ausführlich darzustellen. Das wäre eigene Untersuchungen wert. Es geht uns vielmehr darum, ein Muster zu verdeutlichen, das den Stellungnahmen und Äußerungen der leitenden Gremien der EKD zugrunde liegt. Dieses Muster lässt Rückschlüsse auf das Selbstverständnis über die öffentliche Rolle der protestantischen Kirche in Staat und Gesellschaft zu, die wir konstruktiv-kritisch in den Blick nehmen. Dieses Muster ist der Ausgangspunkt unserer Kritik, die wir konstruktiv entfalten wollen. Das Anliegen einer konstruktiven Auseinandersetzung mit einem unzureichenden Muster kirchlicher Stellungnahmen zu politischen und gesellschaftlichen Themen ist neben der beispielhaften Entfaltung der öffentlichen Rolle der Evangelischen Kirche, wie wir es in Kapitel IV versuchen, der Anlass zu diesem Buch.

Ein Seitenblick auf einige prominente theologische Entwürfe der modernen Lehre von der Kirche (Kapitel II zur Ekklesiologie) soll unterstreichen, dass auch nach evangelischem Selbstverständnis die Kirche ein sichtbares Zeichen sein soll und muss für eine gerechte und die Gemeinschaft der Völker in den Blick nehmende Gesellschaft. Die Kirche will ihrem Wesen nach kein Selbstzweck sein, keine selbstreferentielle Behörde, sondern ein lebendiger Hinweis, ein Zeichen im besten Sinne hin auf eine freie und gerechte, die Interessen der Menschen ausgleichenden Gemeinschaft, um so den Menschen und Völkern zu

[16] Für uns gilt, dass die von Albrecht und Anselm entwickelte Programmatik für das öffentliche Wirken der protestantischen Kirche eine wichtige theologische und kirchliche Debatte um notwendige Klärungen dankenswerterweise angestoßen hat. Wir haben dieses Programm des Öffentlichen Protestantismus von 2017 als ein im trinitarischen Bekenntnis des christlichen Glaubens gegründete und auf den modernen Verfassungsstaat ausgerichtete Grundlegung für das Selbstverständnis der Evangelischen Kirche in Staat und Gesellschaft vorgefunden. Es hat unsere eigene Arbeitsweise und unsere Zielsetzungen, wie wir sie über viele Jahre schon zuvor gepflegt und verfolgt haben, in gewisser Weise verdeutlicht, »auf den Begriff gebracht« und zugleich befruchtet.

dienen. Wie diese Hoffnung auf das kommende Gottesreich, das nicht durch Menschenhand errichtet werden kann, politisches Handeln zu begleiten und zu befruchten vermag, davon handelt in aller Begrenztheit dieses zweite Kapitel.

Im dritten Kapitel wird das Programm des »Öffentlichen Protestantismus«, wie es Reiner Anselm und Christian Albrecht vorgestellt haben, erläutert. Wir wollen zeigen, dass dieses Programm geeignet ist, den Öffentlichkeitsauftrag des Protestantismus – der verfassten evangelischen Kirche als auch die Glaubensäußerungen des Einzelnen – angemessen und sachgerecht zu beschreiben.

In einem ausführlichen weiteren Kapitel (IV) beschreiben wir dieses Programm als ein konstruktives Konzept für das Handeln, Wirken und Reden der Kirche auf den unterschiedlichsten Wirkungsebenen – von der Gemeindeebene über die regionalen Wirkungsmöglichkeiten der Kirche bis hin zur Bundesebene. Dabei beziehen wir die sich aus den Staats-Kirche-Verträgen bzw. Staats-Kirche-Vereinbarungen ergebenden Aufgabenstellungen der Kirche in Bildungsarbeit und Seelsorge in öffentlichen Räumen ausdrücklich mit ein und buchstabieren sie am Beispiel der Seelsorge in der Bundespolizei durch. Damit entfalten wir das Programm des Öffentlichen Protestantismus über den Bereich der öffentlichen Äußerungen der Kirche hinaus zu einem Programm, das den Öffentlichkeitsauftrag der evangelischen Kirche im Blick auf die präzise Beschreibung der gesellschaftlichen Rolle und Aufgabe der Kirche auf allen Ebenen festhält. Insofern ist das Kapitel IV ein konkreter Beitrag zu den aktuellen, innerkirchlichen Debatten um die Aufgabenstellungen für eine von ihrer Mitgliederzahl her kleiner und finanzschwächer werdende Kirche.

In einem letzten Kapitel (V) benennen wir thetisch, welche Folgerungen das entfaltete Programm einer präziseren Bestimmtheit der öffentlichen Verantwortung der Kirche und ihrer gesellschaftlichen Rolle haben kann und sollte. Diese Thesen zu einem Programm der öffentlichen Verantwortung der Kirche schließen unseren Beitrag zur Debatte um die künftigen Aufgaben der Kirche auf unterschiedlichen Ebenen ihres Handelns ab.

Wir sprechen Themen an, die in Gesellschaft und Kirche stark emotionalisiert sind. In diesen Bereichen ist eine sachliche Debatte oft schwierig. Differenzierte Beiträge zu Migration, Sicherheit, Klimaentwicklung, Pandemie und Meinungsfreiheit werden auch in der evangelischen Kirche schnell verdächtigt, Probleme zu verharmlosen oder zu leugnen. Doch wir erwarten, dass notwendige Debatten mit kontroversen Positionen begrüßt und unterstützt werden, dass man Minderheitenmeinungen zuhört und Diskursoffenheit fördert – gerade bei emotional aufgeladenen Themen.

Kapitel I
Analysen von Stellungnahmen und Äußerungen der Evangelischen Kirche in Deutschland (EKD)

1. Stellungnahmen aus der Leitung der EKD zu Migration und Sicherheit – das unzureichende Selbstbild von der Kirche als der exklusiven Mahnerin und Wächterin für Menschenrechte und Barmherzigkeit

Am 28. Januar 2025 wandten sich das Kommissariat der deutschen Bischöfe, das Katholische Büro in Berlin und die Bevollmächtigte des Rates der EKD bei der BRD und der EU in einem gemeinsamen Brief an die Abgeordneten des Deutschen Bundestages und zugleich an die deutsche Öffentlichkeit. Anlass des sogenannten »Brandbriefes« war die Veröffentlichung der gemeinsamen Stellungnahme der Kirchen zu der Gesetzesvorlage der Fraktion der CDU/CSU im Deutschen Bundestag für ein Zustrombegrenzungsgesetz.[17]

Die drei Seiten umfassende Stellungnahme der Kirchen zu dem besagten Gesetzesentwurf geht zunächst darauf ein, dass dieser Gesetzesentwurf kurz vor der Bundestagswahl »im Zuge einer aufgeheizten öffentlichen Debatte« erfolgt[18] sei und insofern schon deshalb nicht die Zustimmung finden könne, weil die aufgeheizte öffentliche Debatte eine sachliche Verhandlung der Thematiken von Migration und Sicherheit nicht begünstige.

Zur Sache äußern sich die Kirchen in der Stellungnahme zum Gesetzesentwurf weiter dahingehend, dass sie davon überzeugt seien, dass die geplanten Maßnahmen, wie sie der Gesetzesentwurf ermöglichen wollte, »keinen der Anschläge verhindert hätten«, die von Personen im Status der Nicht-Anerken-

---

[17] Zu finden ist die Stellungnahme unter https://www.ekd.de/ekd_de/ds_doc/250129_Gemeinsame_Stellungnahme_der_Kirchen_Zustrombegrenzungsgesetz.pdf. Der Gesetzesentwurf findet sich unter https://dserver.bundestag.de/btd/20/128/2012804.pdf.

[18] Gemeinsame Stellungnahme, 1.

nung ihrer Asylbegehren in Magdeburg und Aschaffenburg begangen worden waren. Vielmehr hätten die Anschläge, die im Übrigen von psychisch erkrankten Personen begangen worden seien, gezeigt, dass es einen »Mangel an der adäquaten Versorgung psychisch Kranker« in Deutschland gebe. Die Attentate mit Todesfolge hätten auch gezeigt, dass es ein »Defizit hinsichtlich des Informationsaustausches unterschiedlicher Behörden« von Land und Bund gebe.[19] Zusätzlich sei zu monieren, dass die mögliche und von der CDU/CSU in ihrem Gesetzesentwurf gewollte Begrenzung des Zuzuges im Widerspruch zu dem Ziel stehe, den Zuzug von dringend benötigten Arbeitskräften weiter zu erleichtern. Dieses Ziel wolle man nun offensichtlich konterkarieren. Unter Bezug auf § 71 Abs. 3a des Aufenthaltsgesetzes kritisiert die Stellungnahme ebenfalls in aller Deutlichkeit, dass der Gesetzesentwurf der Unionsfraktionen Unklarheiten zwischen Ausländerbehörden und der Bundespolizei in der Zuständigkeit produzieren würde; außerdem sei es »fraglich, ob die Bundespolizei über die nötige personelle Ausstattung verfügt«.[20] Schließlich monieren die Kirchen die geplante Aussetzung der Nachzugsregelungen für Familienangehörige nach § 36a AufenthG als rechtlich bedenklich und ethisch-moralisch befremdlich.

In dem die Stellungnahme begleitenden »Brandbrief« äußern die Bevollmächtigte des Rates der EKD bei der Bundesrepublik und der EU und der Leiter des katholischen Büros der deutschen Bischöfe (Katholisches Büro Berlin) ihren Unwillen über den Gesetzesentwurf in seinem parlamentarischen und zeitlichen Kontext. Sie halten Zeitpunkt und Tonlage des Gesetzesentwurfes für »zutiefst befremdlich«. Er sei im Übrigen geeignet, »alle in Deutschland lebenden Migrantinnen und Migranten zu diffamieren und Vorurteile zu schüren«. Außerdem, so fügen die beiden Vertreter der kirchlichen Spitzengremien hinzu, seien die nach dem Gesetzesentwurf geplanten Regelungen »nach Auffassung der Kirchen rechts- und verfassungswidrig« und darüber hinaus dazu geeignet, »die Grundpfeiler der EU zu erschüttern«. Des Weiteren halten die beiden Kirchenvertreter stellvertretend für die Spitzen der Kirchen mit ihrem Eindruck nicht zurück, dass »die deutsche Demokratie massiven Schaden nimmt, wenn [das] politische Versprechen aufgegeben wird«, die Brandmauer zur AfD bei Abstimmungen im Bundestag zu erhalten und nicht mit Abgeordneten der AfD zu stimmen. Diese Vereinbarung habe die CDU/CSU hiermit unterlaufen, wenn sie in Kauf nehme, dass eine Mehrheit für diesen Gesetzesentwurf möglicherweise nur dann zustande käme, wenn Stimmen der AfD dazukommen.

Die Äußerungen der beiden Kirchen vom Anfang des Jahres 2025 mit dem dazugehörigen Brandbrief liegen damit in Tonlage und Stoßrichtung auf der Linie der zahlreichen Stellungnahmen zur Migrations- und Sicherheitspolitik,

---

19 Vgl. Gemeinsame Stellungnahme, 1.

20 Vgl. Gemeinsame Stellungnahme, 3.

die die beiden großen Kirchen gemeinsam und jede für sich, insbesondere seit 2015, veröffentlicht haben. Diese vielfachen Stellungnahmen können und sollen hier nicht alle aufgerufen und jede für sich analysiert werden. Mir geht es hier um die Analyse der Äußerung von Ende Januar 2025; allerdings ist erkennbar, dass sie in Kontinuität zu Äußerungen der leitenden Gremien der EKD zur Migrationspolitik seit rund zwei Jahrzehnten steht.[21]

Die EKD ist in dieser Thematik mit ihren leitenden Gremien – auch unter Einbeziehung der Synode – seit vielen Jahren mit großer Emotionalität und großem Engagement tätig. Man spricht in diesem Themenfeld gerne in erhöhter Tonlage, betont das eigene Engagement in Kirchengemeinden und diakonischen Einrichtungen für Geflüchtete und tritt uneingeschränkt für eine Willkommenskultur für alle Geflüchtete ein – und sieht darin auch eine Verpflichtung auf der Grundlage biblischer Belegtexte.[22]

Schon mit der Arbeitshilfe von 1998 unter dem Titel »... und der Fremdling, der in deinen Toren ist« meldet sich die Spitze der EKD pointiert und erstmals mit der Forderung zu Wort, aus der Heiligen Schrift folge die ethische Verpflichtung zu einer Politik, »die Zuwanderungsmöglichkeiten verbessert, Einbürgerungen vereinfacht und nationalstaatliches Denken überwindet« – mit dem gerne entfalteten Argument, dass »Gott nicht auf die Person schaut, sondern Menschen aller Völker in sein Reich ruft«. Deshalb dürfe es »in der Kirche keine Ausländer geben, denn alle sind eins in Christus«.[23]

Dabei blenden die zahlreichen Stellungnahmen aus dem Leitungsbereich der EKD in der Regel vorschnell die Sicherheitsaufgabe des Staates und der Europäischen Union aus, übersehen gerne, dass aus dem im Grundgesetz verankerten Recht auf individuellen Schutz für politisch Verfolgte nicht das Recht aller aus unterschiedlichen Gründen Geflüchteter auf bleibende Aufnahme in einem bestimmten Land folgt;[24] und sie leiten bisweilen aus der Reich-Gottes-Hoffnung von der Realisierung eines endzeitlichen Friedensreiches unmittel-

---

21 Besonders relevant ist hier der gemeinsame Text der beiden großen Kirchen: »Migration menschenwürdig gestalten. Gemeinsames Wort der Deutschen Bischofskonferenz und des Rates der EKD in Zusammenarbeit mit der ACK in Deutschland«, Gemeinsame Texte 27, 2021; abzurufen unter https://www.ekd.de/migration-menschenwuerdig-gestalten-68831.htm.

22 Alexander Dietz hat das jüngst in seinem Beitrag »Notwendige Differenzierungen. Kritische Anfragen an die Flüchtlingsdebatte in der Perspektive der Zwei-Regimenten-Lehre«, in: Dietz, Theologische Ethik, 201 ff. hilfreich und präzise zusammengefasst.

23 Vgl. Kirchenamt der EKD (Hrsg.), »... und der Fremdling, der in deinen Toren ist«. Abs. 106 und 214.

24 Vgl. Maria-Luisa Frick, Wenn das Recht an Verbindlichkeit verliert, 70–83.

bare politische Forderungen ab.[25] Dabei übersehen sie aber, dass in protestantischer Tradition die Einsicht verankert ist, dass das Reich Gottes, in dem alle Grenzen zwischen Kulturen und Menschen im besten Sinne des Wortes aufgehoben sein werden, nicht durch menschliche Entscheidungen, sondern durch Gott selbst und das Erscheinen des Messias aufgerichtet werden wird.[26] Insofern lassen sich aus dem vielfach bemühten und durchaus zurecht durch kirchliche Stellungnahmen aufgerufenen Barmherzigkeitsethos im Umgang mit Geflüchteten keine unmittelbaren »Handlungsanweisungen für Fragen einer langfristigen Migrationspolitik« und schon gar nicht »die politische Forderung nach unbegrenzter Zuwanderung« ableiten.[27]

Diese Argumentationslinien können hier nur angedeutet werden, finden sich aber unausgesprochen und im Hintergrund in der oben in aller Kürze analysierten ökumenischen Stellungnahme der Kirchen von 2025 wieder.

Wenn man die aufgeführten Argumente aus der Stellungnahme vom Januar 2025 zum Entwurf zum sogenannten Zustrombegrenzungsgesetz nun genauer anschaut, wird deutlich, dass die Stellungnahme in keiner Weise darauf abzielt, die eigenen Argumente ins Verhältnis zu setzen zu der gerade laufenden gesellschaftlichen und parlamentarischen Debatte um Migration und Sicherheit. Dabei läge das durchaus nahe, will doch die Evangelische Kirche in Deutschland

---

25 Der langjährige Ratsvorsitzende und Landesbischof Dr. Heinrich Bedford-Strohm wurde nicht müde, unbedingte moralische und gesinnungsethisch motivierte Forderungen an die staatlichen Institutionen in den politischen Diskurs einzubringen. »Wenn durch politische Entscheidungen Menschen in Not geraten«, dann müsse die Kirche »noch viel deutlicher als je warnen, mahnen, Orientierung geben und Menschlichkeit einfordern« – gerade in der Flüchtlingspolitik. Wobei er völlig im Unklaren lässt, wer politisch denn wohl »entschieden« hat, dass Menschen sich in die Hände von Schleppern begeben und in Seenot geraten. Ein entsprechender Beschluss der Bundesregierung oder des EU-Rates ist nicht bekannt. Es könnte klug und hilfreich sein anzuerkennen, dass die Problemstellungen und politischen Aufgaben im Bereich der Migrations- und Sicherheitspolitik komplexer sind, als dass sie durch die schlichte Gegenüberstellung von einer angeblich »unmenschlichen« Abschottungspolitik (der EU) und einer barmherzigen Haltung gegenüber Flüchtenden aufseiten der Kirchen beschrieben werden könnten. Vgl. www.merkur.de/politik/landesbischof-bedford-strohm-ekd-praeses-kirche-muss-sich-aendern-92573682.html.

26 Aus Gründen der politischen Kultur wie aus Einsicht in die heilsame und wichtige Unterscheidung – bei gleichzeitiger Bezogenheit aufeinander – zwischen dem Politischen und dem Reich Gottes ist »eine vorschnelle Moralisierung der Politik« abzulehnen (Dietz, 219).

27 Vgl. Körtner, Verantwortungsethik, 72.

eigentlich immer einen Debattenbeitrag liefern, der auch von der Öffentlichkeit gehört wird und hilft, die Debatte sachgerecht zu führen.[28]

Die rechtlichen Einschätzungen bzw. Bedenken der Kirchen, bezogen auf Grenzkontrollen oder Zurückweisungen von solchen Personen, die in einem anderen Staat der Schengengemeinschaft Asyl beantragt haben, werden von vielen Verfassungsrechtlern zumindest strittig diskutiert; bedeutende Verfassungsrechtler aus Deutschland, Frankreich und Belgien halten die rechtlichen Bedenken gegen Zurückweisungen und innereuropäische Grenzkontrollen aufgrund der Dysfunktionalität der Dublin-Regelungen sowie der schwierigen Sicherheitslage für nicht stichhaltig[29] – andere halten Binnen-Grenzkontrollen und Zurückweisungen wiederum für unzulässig, weil nicht verhältnismäßig. Das mit dem Brustton der Überzeugung vorgetragene Argument, die Grenzkontrollen und möglichen Zurückweisungen würden die Gemeinschaft der EU-Länder gefährden, wird in der kirchlichen Stellungnahme nicht ins Verhältnis gesetzt zu der hinreichend bekannten Tatsache, dass Frankreich, die nordischen Länder wie Dänemark, Schweden und Finnland längst und seit vielen Jahren, lange vor der Bundesrepublik Deutschland, entsprechende Grenzkontrollen durchführen, weil sie sich wegen der Uneinigkeit in Europa und der Dysfunktionalität der Dublin-Vereinbarungen auf ihr nationales Recht zum Schutz der eigenen Sicherheit berufen.[30] Die in der kirchlichen Stellungnahme behaupteten Personalprobleme bei der Bundespolizei sowie vorhandene Kompetenzprobleme zwischen Ausländerbehörden und Polizei werden nicht ins Verhältnis gesetzt zu mehrfachen Äußerungen des Präsidiums der Bundespolizei, dass die

---

28 Vgl. die Ratsvorsitzende der EKD, Bischöfin Kirsten Fehrs, in ihrer Kommentierung der Stellungnahme und des »Brandbriefes«, die »Öffentlichkeit [habe] ein Recht auf die klaren Positionierungen der Kirchen« in diesen Fragen. Zu finden unter https://www.ekd.de/fehrs-oeffentlichkeit-hat-anspruch-auf-kirchenpositionen-88439.htm.

29 Unter Bezug auf die Verordnung der EU 2024/1717, die EU-Binnen-Kontrollen an den Grenzen ermöglicht, äußert beispielsweise der ehemalige Präsident des Bundesverfassungsgerichtes Hans-Jürgen Papier, er halte »Grenzkontrollen und Zurückweisungen nach § 18 Asylgesetz nicht nur für möglich, sondern sogar für geboten«. Vgl. https://www.tagesspiegel.de/politik/jetzige-praxis-nicht-zulaessig-ex-verfassungsrichter-halt-zuruckweisungen-an-grenzen-fur-geboten-12333023.html.

30 So führt beispielsweise das seit 2022 in einer Koalition unter sozialdemokratischer Führung regierte Dänemark seit April 2023 Grenzkontrollen auch für Einreisende aus Deutschland durch – mit der Begründung der Dysfunktionalität des Schengen-Abkommens sowie der terroristischen Bedrohung, wie das Justizministerium auch auf der Internetseite des Ministeriums argumentiert. Nach dem Schengener Grenz-Kodex Art. 25 sind Grenzkontrollen und Zurückweisungen auch Asylsuchender an den Innengrenzen der EU abgestuft nur für 30 Tage, sechs Monate oder für zwei Jahre möglich.

Bundespolizei den politischen Willen der Verantwortlichen umzusetzen in der Lage ist – personell und organisatorisch.[31] Die Behauptung in der kirchlichen Stellungnahme, kein Attentat hätte vermieden werden können, wenn die Maßnahmen des nun geplanten Gesetzes umgesetzt würden, werden nicht ins Verhältnis gesetzt zu Untersuchungen sowie Veröffentlichungen der zuständigen Bundesbehörden, dass die Attentate in Magdeburg, Solingen und Aschaffenburg 2024 und 2025 hätten womöglich verhindert werden können, wenn mögliche Maßnahmen von Zurückweisung und Rückführung umgesetzt worden wären.[32] Zumindest wäre es bei aller Vorläufigkeit der begründeten Beurteilung angemessen und geboten gewesen, zurückhaltender zu urteilen. Es hätte den Kirchen gut angestanden, in einer von ihnen selbst so beschriebenen »aufgeheizten Stimmung« argumentativ sorgfältig und ausgleichend zu agieren; wollen sie doch nach eigenem Bekunden in dieser Weise – eben ausgleichend und argumentativ sachbezogen – in öffentlichen Debatten agieren.

Die Stellungnahme lässt keinen Blick auf den aktuellen Diskurs um Migration und Sicherheit innerhalb und außerhalb des Parlamentes erkennen,

---

31 So spricht der Präsident der Bundespolizei im Juni 2025 auf Rückfrage davon, dass die durch die Bundesministerin des Innern angeordneten Grenzkontrollen die BPOL nicht überfordern. »Warum sollte die BPOL heute mit rund 56.000 Mitarbeitern nicht das schaffen, was wir früher mit 10000 oder 30000 Beamten geschafft haben.« https://www.welt.de/politik/deutschland/article256194866/dieter-romann-chef-der-bundespolizei-sieht-keine-ueberlastung-durch-grenzkontrollen.html. Zuvor schon wies Dr. Dieter Romann mehrfach darauf hin, dass vermehrte Grenzkontrollen bei entsprechender Gefahrenlage möglich seien. Vgl. https://www.welt.de/politik/deutschland/article162594791/Die-Getriebenen-Vorlage-zum-ARD-Film-Die-Grenzschliessung-fuer-die-keiner-geradestehen-wollte.html. Im Oktober 2025 hat der Präsident der Bundespolizei in einem Interview erneut bestätigt, dass die Bundespolizei die von der Politik geforderten Grenzaufgaben wahrzunehmen uneingeschränkt in der Lage sei. https://www.welt.de/politik/deutschland/plus68df9ac535088eeb70a29a92/chef-der-bundespolizei-deutschland-kann-und-will-nicht-alle-aufnehmen.html.

32 So spricht die Bundesanwaltschaft als ermittelnde Behörde nach dem Messer-Anschlag von Solingen im August 2024 davon, dass der mutmaßliche Täter sich ganz offensichtlich in Deutschland radikalisiert habe und seine Tat selbst mit einem »dschihadistischen Hintergrund« begründe; eine konsequentere Umsetzung politisch möglicher Instrumente bei Einreise und Rückführung hätten womöglich helfen können, die Tat zu verhindern, so die Ministerin Paul, Mitglied von Bündnis 90/Die Grünen. Vgl. https://www1.wdr.de/nachrichten/mordanklage-nach-messerangriff-von-solingen-erhoben-100.html; ebenso vgl https://www1.wdr.de/nachrichten/tote-und-verletzte-messer-anschlag-solingen-100.html#Ministerin_Paul. Vgl. auch https://www.welt.de/politik/deutschland/article255559604/Solingen-Bundesanwaltschaft-erhebt-Mordanklage-gegen-Attentaeter.html. Der Streit um diese Frage bestimmte u. a. die Bundestagsdebatte am 29. 1. 2025.

sondern setzt Positionen, deren Stichhaltigkeit nicht argumentativ unterlegt ist und die für sich alle schnell entkräftet werden können. Es sind schlicht einseitige Positionierungen und Argumente, die sich in den Stellungnahmen der Fraktionen der Linken, der Grünen und der SPD in gleicher Diktion und Zuspitzung wiederfinden lassen. Das für sich ist noch nicht zu kritisieren, wohl aber der mangelnde Bezug auf eine in allen Themenbereichen längst erkennbare und einsehbare Debatte. Diese einseitige Positionierung im Kontext des parlamentarischen Streites verwundert umso mehr, als der Begleitbrief und die Stellungnahme selbst genau das monieren: eine aufgeheizte Debatte in aufwühlenden Zeiten. Der begleitende »Brandbrief« der Bevollmächtigten wirft der Gesetzesinitiative und den beiden Fraktionen, die doch auch nach Ansicht der Kirchen in der politischen Mitte gruppiert sind, eine antieuropäische und antidemokratische Haltung vor – ferner eine Haltung, die »alle Ausländerinnen und Ausländer in unserem Land diskriminiert«. Das ist auf der Skala möglicher Vorwürfe und Unterstellungen in demokratischen Debatten schon sehr weit nach oben gegriffen; da bleibt nicht mehr viel Eskalationsmöglichkeit auf der Skala möglicher Vorwürfe. Die Reaktionen auf die Stellungnahme der Kirchen fielen in erwartbarer Streuung aus. Die Fraktion der Linken, der Grünen und der SPD lobten und zitierten im Bundestag die »Mahnung der Kirchen und Bischöfe«[33].

Andere Stimmen aus dem Journalismus und den anderen Parteien der politischen Mitte äußerten sich enttäuscht in dem Sinne, dass die Kirchen sich keine Mühe gemacht hätten mit ihrer Stellungnahme, sondern nur die politische Position anderer, die diese schon selbst und berechenbar vortragen, nachplappern würden.[34] Die Kirchen, so einige deutliche Voten, hätten sich nicht die Mühe gemacht, die Debatte abzubilden und deren Berechtigung zu zeigen,

---

33 Bundeskanzler Scholz zitierte erstmals in seiner Amtszeit am 29.1.2025 im Bundestag bei einer Regierungserklärung zur Asyl- und Migrationspolitik ein Votum der Kirchen in einer Rede im Bundestag, indem er sich an den damaligen Oppositionsführer Friedrich Merz wandte und, bezogen auf das Vorhaben der Fraktion der CDU/CSU, einen Entwurf zum sogenannten Zustrombegrenzungsgesetz einzubringen, betonte: »Die katholische und evangelische Kirche haben in einem Brandbrief ... eindringlich davor gewarnt«. Und später äußerte er sich phoenix gegenüber: »Wenn sie schon nicht auf uns hören wollen, sollen sie wenigstens auf die Bischöfe hören«, ›phoenix vor ort‹ vom 29.1.2025. Eine Bestätigung des Zitats durch phoenix liegt dem Verfasser vor.

34 So z. B. die Kommentare in der Ausgabe der ZEIT vom 8.2.2025 (Giovanni di Lorenzo) und der FAZ (Daniel Deckers) vom 29.1. unter dem Titel »Auch die Kirchen sind Steigbügelhalter der AfD«, indem sie nämlich die Debatte unsachgerecht angehen und zugleich moralisch aufladen. Vgl. www.faz.net/aktuell/politik/bundestagswahl/kommentar-zur-migrationspolitik-auch-die-kirchen-sind-steigbuegelhalter-der-afd-110262630.html.

sondern sich nur auf eine Seite geschlagen. Damit seien sie »austauschbar« geworden; die Kirchen würden »mittlerweile berechenbar wie eine NGO« agieren, mit keinerlei Interesse am Zusammenhalt des Landes und dem Versuch, sehr unterschiedliche Positionen in einen wirklichen Diskurs und eine echte Debatte zu bringen.[35]

Die zum Teil scharfen Reaktionen aus dem den Kirchen traditionell gewogenen politischen Umfeld auf die Stellungnahme und den »brennenden« Begleitbrief haben die Kirchen bemerkt und gleichzeitig zurückgewiesen. Ich konzentriere mich hier auf die Rechtfertigung für Ton und Inhalt auf die Reaktionen aus dem Protestantismus.

Man spreche in der Stellungnahme und dem Begleitbrief, so die Ratsvorsitzende in einem öffentlichen Statement im Blick auf die scharfe Kritik an den Kirchen, voller Sorge um die öffentliche Debatte in Deutschland; man sei zutiefst besorgt, dass die Debatte sich in eine falsche Richtung entwickele, dass der Hass gegen Migrantinnen und Migranten geschürt würde und dass die geplanten Maßnahmen an der Grenze und bei den Zurückweisungen das Verhältnis zu den Nachbarn in Europa nachhaltig verschlechtere.[36]

Wenn sich die Evangelische Kirche in Deutschland mit ihren Spitzenvertretern und ihren leitenden Organen öffentlich zu Wort meldet, geschieht das sehr gerne und in der Regel im Gestus der Wächterin und Mahnerin, die sich, mit der Heiligen Schrift in der Hand, zu Wort meldet – dabei auf einem höheren Sitz befindlich – und politische Entscheidungen mit dem entsprechenden Gestus der moralischen Mahnerin kommentiert und beurteilt. Andere Positionierungen werden dann ganz gerne mit moralischem und empörtem Unterton verdächtigt, die Würde des Menschen, die westlichen Werte wie Gerechtigkeit und Barmherzigkeit zu missachten und die Demokratie zu schädigen.[37]

---

35 So unter anderem die Präsidentin des Bundestages, Julia Klöckner, bekennende Christin, die nun aber, da die Kirchen in der Gesellschaft als vermittelnde und faire Instanzen weitgehend ausfielen, sich frage, ob sie ihre Kirchensteuer weiter für eine sich nur noch als Interessenverband oder bessere NGO verstehende Kirche geben wolle. Die Kirche dürfe nicht austauschbar werden mit NGOs und sich nicht in Tagespolitik verlieren. Dabei würden die Kirchen gerade jetzt dafür gebraucht, in aufwühlenden Zeiten und aufgewühlten Debatten als vermittelnde Instanzen zu agieren! Zu finden unter https://www.zdfheute.de/politik/deutschland/kloeckner-kirchentag-kritik-100.html. sowie unter https://www.domradio.de/artikel/bundestagspraesidentin-kloeckner-wuenscht-sich-starke-kirchliche-stimme.

36 Vgl. https://www.ekd.de/fehrs-oeffentlichkeit-hat-anspruch-auf-kirchenpositionen-88439.htm.

37 Nach Ulrich H. J. Körtner liegt die Tendenz zur politischen Einseitigkeit und Undifferenziertheit in den Stellungnahmen der EKD zur Flüchtlingspolitik, die noch dazu mit dem »Gestus der moralischen Überlegenheit« vorgetragen werden, darin begründet,

Dieses Selbstverständnis als Wächterin stammt aus Zeiten der staatsanalogen Bedeutung der Kirche, die als zweites Reich neben dem Staat für Gewissen und Moral zuständig ist. Eine so gefasste Zwei-Reiche-Lehre, wonach die Fürsten für Recht und Gesetz zuständig sind, die Kirche für das Gewissen und die Moral, wobei sie zugleich aber auch darauf zu achten hat, dass die Fürsten sich dessen bewusst sind und bleiben, unter der Aufsicht der Kirche zu handeln und handeln zu müssen, ist tauglich und anwendbar für autoritäre oder feudal strukturierte Staaten. Das oben genannte Selbstverständnis der Kirche als von allen anzuerkennende exklusive Wächterin für Menschenrechte und Barmherzigkeit geht an der Wirklichkeit des rechtlich-demokratischen Verfassungsstaates jedoch vorbei, der eben keine Absolutheit des Staates kennt und auch keine Allzuständigkeit oder gar Alleinzuständigkeit der Kirche für Gewissen und Moral. Es ist evident, dass »die Lernerfahrungen aus totalitären Systemen«, die die Kirche im Nationalsozialismus gemacht hat, nicht »ohne Weiteres als Anspruch auf Anwaltschaft und Wächteramt der Kirche« angewandt werden können.[38]

Warum die leitenden Organe der EKD dennoch so gerne daran festhalten, erklärt sich möglicherweise dadurch, dass diese Positionierung eingängig ist, über viele Jahrhunderte scheinbar erfolgreich war und dem sprechenden Organ eine scheinbar große Bedeutung gibt. Man ist so wichtig und unverzichtbar – als niemals schlafender Wächter auf der Zinne. Man übersieht darin aber, dass alle Akteurinnen und Akteure, die der Verfassung der Bundesrepublik Deutschland verpflichtet sind und auf sie verpflichtet werden, aus dieser Verpflichtung heraus nach Gerechtigkeit, Menschenwürde und Barmherzigkeit als den Errungenschaften der modernen Verfassung ihr Handeln auszurichten haben – und darauf zuallererst selbst achten und dafür wachsam sind und sein müssen.

Das Engagement und die Unterstützung für Geflüchtete, die aus dem Bereich der Kirchen seit vielen Jahren geleistet werden – von Kirchengemeinden, privaten Initiativen über die regionalen Diakonischen Werke bis hin zu den Spitzenverbänden – sind großartige Beispiele für das gesellschaftliche Engagement beider Kirchen. Sie zeigen, dass christlicher Glaube praktische Hilfe und Taten der Nächstenliebe aus sich heraus leistet und dazu motiviert. Das wird auch, besonders seit dem Herbst 2015, von vielen politisch Verantwortlichen gesehen und gewürdigt: als ein wertvoller Anteil und Einsatz der christlichen Kirchen in herausfordernden Zeiten.

---

dass diese Stellungnahmen auch bei ihrer biblischen Begründung hermeneutische Defizite aufweisen – also die Unterschiedenheit in den politischen Bedingungen von damals zu den völlig unvergleichbaren heutigen politischen und gesellschaftlichen Rahmenbedingungen nicht beachten – und zudem vollständig die ethische Bedeutung der staatlichen Verantwortung für Recht, Frieden und Sicherheit übersehen. Vgl. Körtner, Gesinnungs- und Verantwortungsethik, 66–81, hier 71.

[38] Vgl. Reiner Anselm, Christian Albrecht, Öffentlicher Protestantismus, 28.

Aus diesem Engagement für Geflüchtete allerdings erwächst nicht das Recht oder gar die Pflicht, staatliche Maßnahmen zur Begrenzung der Zuwanderung, die politischen Aufgaben der Grenzsicherung u.a. mit dem Vorwurf der Unbarmherzigkeit oder der Abschottung des Staates zu belegen und sich dabei auf ein »prophetisches Wächteramt« zu berufen. Die Orientierung, die die Evangelische Kirche in den gegenwärtig sehr umstrittenen Fragen der angemessenen Sicherheits- und Migrationspolitik geben kann, sollte »frei sein vom Ton der Besserwisserei, der klerikalen Bevormundung und des Rigorismus, um dem evangelischen Verständnis eigener Fehlbarkeit, der Achtung vor dem individuellen Gewissen sowie unausweichlicher Schuld zu entsprechen«[39]. Die Evangelische Kirche in Deutschland ist in den Debatten um Migrations- und Sicherheitspolitik jetzt gefordert, sachliche Debatten zu fördern und dabei mitzuhelfen, dass abgewogene politische Entscheidungen gefällt werden können.

2. Die kirchlichen Debattenbeiträge zu Fragen der Energie- und Klimapolitik – eine unprotestantische Lust an der Unfehlbarkeit

Auf Initiative des Umweltprogramms der Vereinten Nationen (UNEP) und der Weltorganisation für Meteorologie (WMO) wurde 1988 das »Intergovernmental Panel on Climate Change« (IPPC), kurz Weltklimarat, gegründet. Seine Aufgabe

[39] Dietz, Notwendige Differenzierungen, 204.
Gewiss: Da, wo im öffentlichen und politischen Raum – von wem auch immer – Absolutheitsansprüche geltend gemacht werden und die Gewissen der Menschen bedrängt und belastet werden, da kommt das prophetische Wächteramt der Kirche zur Geltung – da ist es gefragt und gefordert. Das prophetische Amt Christi, wie es in der lutherischen und auch reformierten Theologie gelehrt wird, ermahnt die Kirche nach evangelischem Verständnis darin, die Lehre und Predigt Jesu Christi in das Zusammenleben der Menschen einzubringen und darin nicht müde zu werden; das prophetische Amt Christi ist aber keine Ermächtigung der Kirche zu einer erhabenen Positionierung ihrer selbst in politischen Debatten. Das prophetische Amt Christi setzt sich im Wirken der Kirche nach Worten des Dogmatikers Johannes Gerhard, der es einst in die lutherische Dogmatik eingebracht hat, bestenfalls fort als »Lehrtätigkeit Jesu, durch die Christus seine Kirche dazu bewegt, den Menschen die Versöhnung zu predigen«. (Vgl. Heinrich Schmid, Die Dogmatik der Evangelisch-Lutherischen Kirche, 1979, 226.) Die Kirche ist also darin prophetisch, dass sie die Lehre Jesu von der Versöhnung des Menschen mit Gott in Christus weitergibt. Das prophetische Amt ist keine Ermächtigung der Kirche zu einem politischen Mandat, über das sie einfach frei verfügt. (Vgl. W. Pannenberg, Systematische Theologie, Band II, Göttingen 1991, 496.)

ist es, Regierungen weltweit über den wissenschaftlichen Stand der Forschungen zu Klimaänderungen zu informieren.

Mit dem zweiten Klimabericht des Weltklimarates aus dem Jahr 1995 wurde die Annahme weiter erhärtet, dass der Mensch maßgeblich zur globalen Erwärmung beiträgt – insbesondere durch den Ausstoß von Treibhausgasen. Im ersten Klimabericht des Weltklimarates (1990) konnte man die steigenden Treibhausgaskonzentrationen belegen, wies aber darauf hin, dass ein eindeutiger Beweis eines verstärkten Treibhauseffekts erst in einem Jahrzehnt oder mehr möglich sein werde.

Bereits 1990 hatte die Evangelische Kirche in Deutschland (EKD) gefolgert, dass zur Eindämmung der Erderwärmung eine Reduktion des Energieverbrauchs unerlässlich sei.[40] 1995 forderte der Beirat des Beauftragten der EKD für Umweltfragen[41] eine »Abkehr von der in Europa und Nordamerika vorherrschenden Wirtschafts- und Lebensweise mit ihrem starken Energie- und Ressourcenverbrauch«. Darüber hinaus schlug das Gremium konkrete Zielvorgaben für die Reduktion der Pro-Kopf-Emissionen von CO_2 vor. Im Anschluss folgten weitere Stellungnahmen und Synodenbeschlüsse.[42]

Im Folgenden betrachte ich zunächst kurz die EKD-Denkschrift »Umkehr zum Leben« aus dem Jahr 2009 und setze mich anschließend ausführlicher mit den Beiträgen der EKD-Synode in Magdeburg 2022 auseinander.

Die Denkschrift der EKD betrachtet den Klimawandel unter den für die Kirche leitenden Werten der Gerechtigkeit und der Nachhaltigkeit. So liegt ein Fokus auf dem engen Zusammenhang mit globaler Ungleichheit und Armut. Die Folgen des Klimawandels treffen, so ist in der Denkschrift zu lesen, vor allem die Armen in den Entwicklungsländern, während wirtschaftlich starke und technologisch fortgeschrittene Länder über deutlich größere Möglichkeiten verfügen, die Klimaentwicklung zu beeinflussen und sich an veränderte Bedingungen anzupassen. Ein weiterer Fokus zeigt sich in einer Art Schuldbekenntnis, das den (westlichen) Industriestaaten die Verantwortung zuschreibt, mit ihrem ausschließlich auf Wachstum ausgerichteten Wirtschaftssystem dazu beizutragen, dass Menschen ihrer Lebensgrundlagen und Lebenschancen beraubt werden.

Prognosen zum Klimawandel werden mit beeindruckender Sicherheit als scheinbar unumstößliche Fakten präsentiert: Demnach ist etwa zu erwarten, dass steigende Temperaturen die Muster und Mengen des Niederschlags nachhaltig beeinflussen werden. Dies werde intensivere Dürren, Überschwemmungen und Stürme zur Folge haben und somit sowohl zu einer zunehmenden Verknappung

---

40 Evangelische Kirche in Deutschland, Energieeinsparung.

41 Evangelische Kirche in Deutschland, Gefährdetes Klima.

42 Einen Überblick bis 2015 findet man in: Lex. Nachhalt., »EKD: Evangelische Kirche in Deutschland«.

lebenswichtiger Ressourcen als auch zu Verteilungskonflikten beitragen. Darüber hinaus stelle der Anstieg des Meeresspiegels eine existenzielle Bedrohung für kleine Inselstaaten dar und werde Millionen von Menschen zur Migration zwingen.

Kurz: Durch den Klimawandel sieht man die Erreichung der Millenniums-Entwicklungsziele der Vereinten Nationen[43] als gefährdet an.

Die von den Autorinnen und Autoren der EKD-Denkschrift vorgeschlagenen Alternativen zur Abwehr dieser Bedrohungen sind eindeutig benannt und stehen angeblich zur Verfügung. Dazu zählt insbesondere, dass das bisherige wachstumsorientierte Entwicklungsmodell einer nachholenden Industrialisierung grundlegend geändert werden müsse. Unverzichtbar seien eine effiziente Nutzung von Energie, der Ausbau der erneuerbaren Energien, eine radikal veränderte Stadt- und Verkehrsplanung sowie der konsequente Umstieg auf nachhaltige Landwirtschaft. »Nur wenn es auf diesem Wege gelingt, den mittleren Temperaturanstieg auf 2° C zu begrenzen, bleibt dieser in einem Rahmen, innerhalb dessen Vorkehrungen für eine Anpassung an jetzt schon unvermeidliche Veränderungen der Umweltbedingungen Erfolg versprechen.«[44]

Für die Kirchen gilt, dass sie ihrem Auftrag nur dann gerecht werden, »wenn sie selbst zu einem Leben umkehren, das sich an den Leitwerten der Gerechtigkeit und der Nachhaltigkeit orientiert«.

Die zentralen Überlegungen der Denkschrift – darunter die Bewertung, Einordnung und Interpretation des Klimawandels sowie die als notwendig erachteten Gegenmaßnahmen – prägten maßgeblich den Umgang der EKD mit diesem Thema.

Am 10. November 2021 fasste die EKD-Synode den Beschluss, den Rat der EKD, die Kirchenkonferenz, die Gliedkirchen sowie das Kirchenamt der EKD darum zu bitten, bis zur Herbstsynode des darauffolgenden Jahres eine datenbasierte Roadmap zu erarbeiten. Diese Roadmap sollte einen verbindlichen, EKD-weiten Prozess zur Erreichung der Klimaneutralität bis zum Jahr 2035 festlegen. Der Rat der EKD griff diesen Beschluss in einer modifizierten Form auf und erließ die Klimaschutzrichtlinie[45] der EKD.

Während die Denkschrift aus dem Jahr 2009 noch als ein Weckruf verstanden werden konnte, wurden mit der Klimaschutzrichtlinie sowie den Beschlüssen der EKD-Synode in Magdeburg im Jahr 2022 konkrete und verbindliche Maßnahmen verabschiedet. Diese Maßnahmen sollen gewährleisten, dass die EKD und ihre Gliedkirchen spätestens bis 2045 klimaneutral sein werden. Als zentrale Orientierungspunkte dienen hierbei die Nachhaltigkeitsziele der Vereinten Nationen sowie die Beschlüsse der Pariser Weltklimakonferenz von 2015, auf der das Ziel vereinbart wurde, den globalen Temperaturanstieg

43 Vereinte Nationen, Millenniums-Entwicklungsziele.

44 EKD, Umkehr zum Leben, 22.

45 EKD: Klimaschutzrichtlinie-EKD.

möglichst auf 1,5 Grad Celsius, in jedem Fall aber deutlich unter zwei Grad Celsius im Vergleich zum vorindustriellen Zeitalter zu begrenzen.

Die EKD-Klimarichtlinie sieht vor, dass in der EKD bis spätestens 2045 Netto-Treibhausgasneutralität erreicht werden soll. Um dieses Ziel zu verwirklichen, werden konkrete Maßnahmen festgelegt. Dazu zählt der Verzicht auf den Einbau neuer Heizanlagen, die mit fossilen Brennstoffen betrieben werden, in kirchliche Gebäude, ebenso wie der Verzicht auf den Anschluss an ein Wärmeversorgungsnetz, das fossile Energieträger nutzt. Darüber hinaus wird die konsequente Nutzung klimafreundlicher Verkehrsmittel verlangt, wobei Fahrzeuge, die fossile Brennstoffe verwenden, in der Regel ausgeschlossen sind. Der Rat der EKD begründet dieses ambitionierte Klimaschutzengagement mit der Verantwortung des christlichen Glaubens für die Bewahrung der Schöpfung und für die Wahrung der Lebensrechte aller Menschen – sowohl der heutigen als auch der zukünftigen Generationen. Während die Richtlinie für die Organe der EKD verbindlich ist, besitzt sie für die Gliedkirchen einen empfehlenden, jedoch dringlichen Charakter.

Weitere Beschlüsse der Synode in Magdeburg unterstreichen das kirchliche Selbstverständnis, das dieser Richtlinie zugrunde liegt. So wird darauf hingewiesen, dass die bisherigen Klimaschutzmaßnahmen Deutschlands bei weitem nicht ausreichen. Kritisch werden insbesondere die Versäumnisse beim Ausbau erneuerbarer Energien und beim Einsparen fossiler Ressourcen benannt sowie die Abhängigkeiten und Kooperationen mit autoritären und menschenrechtsfeindlichen Regimen im Zusammenhang mit klimaschädlichen Energieträgern verurteilt. Unberücksichtigt bleibt allerdings, wie die hohe Abhängigkeit von autoritären Regimen bei der Solar- und Windtechnik in diesen Zusammenhang passt. Seltene Erden spielen bei diesen Techniken eine zentrale Rolle. Die Importabhängigkeit Europas von China liegt hier bei über 90 %.[46]

Deutlich wird, dass die EKD eine Vorbildfunktion einnehmen und den richtigen Weg aufzeigen möchte. Wie sehr die EKD von ihrem eigenen Ansatz überzeugt ist, wird in dem Appell an die politische Verantwortlichen deutlich, »die dringlichen Anstrengungen im Klimaschutz nicht als Gegensatz, sondern als den einzig zielführenden Weg zu einer nachhaltigen und bezahlbaren Energieversorgung der Zukunft zu verfolgen«[47].

---

46 Levinger, Seltene Gelegenheit: Welche Chancen bestehen für weniger Abhängigkeit bei Seltenen Erden?

47 Evangelische Kirche in Deutschland, Beschluss zu Frieden – Gerechtigkeit – Bewahrung der Schöpfung. – Dass die friedliche Nutzung der Kernenergie kein Weg sei, der mit dem biblischen Auftrag, die Erde zu bebauen und zu bewahren, vereinbar ist, hat die Synode der EKD seit 1987 mehrfach erklärt. S. Evangelische Kirche in Deutschland, Beschluss der 11. Synode der Evangelischen Kirche in Deutschland auf ihrer 3. Tagung

Auch wenn sich die Synode der EKD als Vertreterin der Christinnen und Christen an der Seite all jener positioniert, »die sich mit entschlossenem Handeln für Klimagerechtigkeit und gegen den Anstieg der globalen Temperatur einsetzen«, erscheint es dennoch problematisch, zu behaupten, den einzig zielführenden Weg zu kennen und zu gehen. Dies zeigt sich bereits daran, dass der eingeschlagene Weg – nämlich bei der Energiegewinnung vollständig auf fossile Brennstoffe zu verzichten und ausschließlich auf erneuerbare Energien zu setzen – in Europa keineswegs von allen Staaten geteilt wird. Zu den Ländern, die andere Ansätze verfolgen, zählen unter anderem Frankreich, das Vereinigte Königreich, Spanien, die Niederlande, Belgien, Schweden, Finnland, Tschechien, die Slowakei, Ungarn und Bulgarien. Hier besteht zumindest Gesprächsbedarf hinsichtlich der alleinigen Richtigkeit des gewählten Weges.

Die Prognosen über die Entwicklung des Klimawandels und dessen Folgen basieren auf unterschiedlichen Modellierungen, wie sie im Bericht der Arbeitsgruppe 1 des IPCC, die für den naturwissenschaftlichen Teil verantwortlich ist, dargestellt werden. Modellierungen sind für die wissenschaftliche Arbeit unverzichtbar, gehen jedoch stets mit Unsicherheiten einher. Unterschiedliche Bewertungen einzelner Faktoren können zu gänzlich unterschiedlichen Ergebnissen führen. Es handelt sich um Hypothesen, deren Begründungen kontrovers diskutiert werden – und auch werden müssen. Ein offener Diskurs sowie ein kritischer Dialog über die Interpretation der Daten sind daher unerlässlich; andernfalls drohen Prognosen zu Dogmen oder gar Ideologien zu werden.

Seit Beginn seines 37-jährigen Bestehens gibt es auch die Gefahr, dass die Arbeit des Weltklimarats politisch und ideologisch vereinnahmt wird. Axel Bojanowski verdeutlicht in seinem Buch eindrucksvoll, dass diese Gefahr nicht bloß hypothetisch ist, sondern sich auch manifestiert hat.[48]

Bemerkenswert ist in diesem Zusammenhang eine Aussage von Oliver Geden, der seit 2018 zu den Mitautoren der IPCC-Berichte zählt. Schon vor dem Abschluss des Pariser Klimaabkommens vertrat Geden die Auffassung, dass das Zwei-Grad-Ziel nicht realistisch sei. Dabei richtete sich seine Kritik nicht gegen die Klimaforschung an sich, sondern gegen die »klimawissenschaftliche Politikberatung«, die das Zwei-Grad-Ziel als »sakrosankt« betrachte. Er formulierte dazu: »Und wenn man daran rüttelt, wird man als Klimaskeptiker eingestuft oder beschuldigt, man habe den Kampf gegen den Klimawandel aufgegeben.«[49]

Selbst der aktuelle Präsident des Weltklimarats wies kürzlich darauf hin, dass die Erde bei einer Erwärmung um mehr als 1,5 °C keineswegs zugrunde

---

zur Frage der Laufzeitverlängerung von Kernkraftwerken und zur Endlagerung hochradioaktiver Abfälle.

48 Bojanowski, Was Sie schon immer übers Klima wissen wollten, aber bisher nicht zu fragen wagten.

49 Geden, Das Zwei-Grad-Ziel ist nicht haltbar.

gehen werde, wobei er die Risiken des Klimawandels durchaus nicht verharmloste.[50]

Im deutschsprachigen Raum setzt sich insbesondere Gerd Ganteför[51] für eine klare Trennung zwischen Klimawissenschaft und politischer Klimatologie ein und macht dabei ähnliche Erfahrungen, wie sie auch Oliver Geden beschrieben hat. Ganteför ist Physikprofessor und stellt – ebenso wie ich – die gravierenden Klimaveränderungen weder in Frage noch spielt er sie herunter. Allerdings hinterfragt er eine zentrale Annahme, die den Klimamodellen des Weltklimarates zugrunde liegt. Diese Annahme bildet die Basis für zentrale politische Konzepte wie den Green Deal der EU-Kommission und das Europäische Klimagesetz. Ganteför stellt die Frage, auf welche wissenschaftlichen Begründungen und Messergebnisse sich die Behauptung stützen kann, dass die sogenannten natürlichen Senken – also Landpflanzen und Ozeane – in Zukunft ihre Funktion verlieren würden. Es gebe dafür keine plausiblen wissenschaftlichen Begründungen und keine Hinweise in den Messergebnissen. Derzeit binden diese Senken bei der aktuellen CO_2-Konzentration in der Atmosphäre etwa 50 % der vom Menschen verursachten CO_2-Emissionen.

Selbst wenn Ganteför in seinen Aussagen Recht behält, bleibt die Erderwärmung, zu der die CO_2-Emissionen maßgeblich beitragen, weiterhin eine immense Herausforderung für die Menschheit. Sinnvoll wird dann jedoch ein alternativer Ansatz, den Ganteför als »Plan B für das Klima« bezeichnet. Dieser Plan B sieht vor, die natürlichen Senken gezielt in die Entwicklung von Maßnahmen einzubeziehen. Dies würde der Menschheit wertvolle Zeit verschaffen, um das Klimaproblem auf eine menschenfreundliche Weise anzugehen. Die derzeitigen Pläne (nach Ganteför »Plan A«), die eine vollständige Dekarbonisierung bis spätestens zur Mitte dieses Jahrhunderts fordern, hält er für nicht umsetzbar. Selbst in wohlhabenden Industrieländern, so Ganteför, »würde die Verteuerung der Energie zu einer Deindustrialisierung führen und die Bevölkerung in Teilen verarmen.« Darüber hinaus sei eine schnelle, weltweite Dekarbonisierung schon allein wegen des Mangels an benötigten Rohstoffen nicht realistisch.

Berücksichtigt man, wie gering der Anteil Deutschlands und auch der Europäischen Union an den weltweiten Treibhausgasemissionen tatsächlich ist,[52] wird deutlich, dass die entscheidenden Weichenstellungen im Kampf gegen die Folgen des Klimawandels nicht in Europa, sondern vor allem in jenen Regionen getroffen werden, in denen der Großteil der Emissionen entsteht. Für Schwel-

---

50 Skea, Bei 1,5 Grad Erwärmung geht die Welt nicht unter.

51 Ganteför, Plan B für das Klima. – Vorlesungen, Vorträge und Beiträge sind online zugänglich: https://www.youtube.com/channel/UCxXmS6BkfhCALrPyCJKmPyg S. auch Eberhardt, Das Energiesystem der Zukunft.

52 Anteil Deutschland: 1,7 %; Anteil EU-27: 7,3 %.

lenländer wie China, Indien und Brasilien aber ist eine Energiepolitik, die einseitig auf erneuerbare Energien setzt, aus den genannten Gründen kein nachahmenswertes Vorbild. Deutschland möchte dennoch beim Klimaschutz als Vorreiter gelten, doch angesichts der wirtschaftlichen Negativentwicklung, die vor allem auf die hohen Energiekosten zurückzuführen ist, dient das Land eher als abschreckendes Beispiel.

Unweigerlich stellt sich die Frage, inwiefern die hohen Energiekosten mit einer Energiepolitik zusammenhängen, die hauptsächlich auf nicht grundlastfähige Energieträger setzt, und welche Lösungsansätze hierfür diskutiert werden müssen.

Fazit

Statt einen offenen Diskurs zu ermöglichen, die sachliche Auseinandersetzung zu fördern und auch abweichende fachliche Positionen zuzulassen sowie eigene Argumente kritisch in einer kontroversen Debatte zu reflektieren, vertritt die EKD eine einseitige Perspektive und scheint überzeugt von der alleinigen Richtigkeit ihres eingeschlagenen Weges.[53] Bereits in einer frühen Phase wurde die Debatte durch ein nahezu schuldbewusstes Eingeständnis, bei dem den Industriestaaten und ihren Bewohnern die Verantwortung für den Verlust von Lebensgrundlagen und Lebenschancen der Menschen nicht nur in den Entwicklungsländern zugeschrieben wird, moralisch aufgeladen und von einer sachlichen Ebene entfernt. Dabei bleiben seriöse Daten außer Acht, die darauf deuten, dass eine differenzierte Überprüfung dieses Zusammenhangs angebracht ist.[54]

Werden die Ansichten über die zukünftigen Auswirkungen des Klimawandels und ausgewählte Prognosen – die, wie alle Modellberechnungen, stets hypothetischen Charakter besitzen und keine eindeutige Gewissheit bieten können – so sicher und eindeutig vertreten, wie es die EKD-Synoden und Stellungnahmen tun, stellt sich die Frage, ob der beschlossene Lösungsweg

---

[53] Dietz, Theologische Ethik als Ideologiekritik, 255. »Theologische Umweltethik hat keine unfehlbaren Antworten auf umweltpolitische Fragen. Erst recht nicht sollte sie die oft inkonsistente und von Aktionismus geprägte deutsche Umweltpolitik vorbehaltlos unterstützen. Stattdessen sollte sie zur Versachlichung der Debatte beitragen und auf der Grundlage bewährter Differenzierungen Ideologiekritik üben – zunächst in den eigenen Reihen. Gegen überfordernde und überhebliche Weltrettungsansprüche sind die geschöpflichen Grenzen des Menschen zu betonen.« Vgl. dazu auch Körtner, Vergängliche Schöpfung. Thomas, »Gerechtigkeit, Frieden und Bewahrung der Schöpfung«. Abschied von einer ebenso populären wie irreführenden Doppelformel, 44 ff.

[54] Ganteför, Klima: Die Schuldfrage.

nicht Gefahr läuft, sich in eine Art exklusive Heilslehre zu verwandeln. Solche exklusiven Heilslehren tragen erfahrungsgemäß wenig dazu bei, den gesellschaftlichen Zusammenhalt zu stärken, sondern führen vielmehr zu einer unversöhnlichen Polarisierung. Dies ist eine wahrscheinliche Konsequenz, wenn die Zukunft nicht mehr als offen, sondern als festgelegt interpretiert wird – wie es durch die EKD geschieht. Darüber hinaus stellt sich die Frage, wie Verantwortung nach der dargestellten Auffassung der EKD von den verschiedenen Akteuren im globalen Kontext – seien es Staaten, Institutionen, Religionsgemeinschaften oder Einzelpersonen – übernommen werden kann, um ein weltweites Problem zu adressieren, das nur global gelöst werden kann. Angesichts der vielfältigen wirtschaftlichen Ausgangsbedingungen und unterschiedlichen Realitätswahrnehmungen in den einzelnen Ländern erscheint es äußerst unwahrscheinlich, dass eine Einigung auf einen einzigen und zudem radikalen Weg erzielt werden kann. Ein offener Diskurs, unterschiedliche Herangehensweisen und Kompromisse werden daher unverzichtbar sein.

Vor diesem Hintergrund muss man jedoch vermuten, dass die EKD den Gedanken einer globalen Verantwortung de facto aufgegeben hat, indem sie sich auf ihren eigenen, vergleichsweise begrenzten Wirkungsbereich konzentriert und dort Klimaneutralität anstrebt. Aber als Vorbild kann sie mit ihren Maßnahmen kaum dienen, und einen messbaren Beitrag zur Lösung des Klimaproblems werden die EKD-Maßnahmen nicht leisten.

Es wäre allerdings ein bedeutender und wünschenswerter Beitrag der Evangelischen Kirche zu ihrer öffentlichen Rolle in der Gesellschaft, wenn sie aktiv Mitverantwortung für einen sachlichen und offenen Diskurs übernehmen würde – gerade in einem so schwierigen und komplexen Themenbereich wie der Klimadebatte.

3. Der Umgang mit der AfD und die evangelische Kirche – die erstaunliche Verweigerung eines Diskurses

Am 15. Februar 2025 hielt der amerikanische Vizepräsident J.D. Vance eine vielbeachtete Rede auf der Münchener Sicherheitskonferenz.[55] Überraschenderweise richtete er seinen Fokus nicht auf äußere Bedrohungen für die westliche Welt, sondern thematisierte eine Bedrohung von innen, nämlich die Gefährdung grundlegender Werte, die Europa und Amerika verbinden – eine Bedrohung, die auch in seinem eigenen Land zu beobachten sei. Für beide Kontinente gelte: Es reiche nicht aus, lediglich über diese Werte zu sprechen: »We must live them.«

---

[55] Vance, Speech by JD Vance and Selected Reactions.

Insbesondere rückte J.D. Vance die Meinungsfreiheit in den Mittelpunkt und nahm dabei explizit Bezug auf die Situation in Deutschland. Er betonte, dass es zwar nicht notwendig sei, allen geäußerten Meinungen zuzustimmen, dennoch sei es, so Vance, zumindest unsere Pflicht, mit Vertretern bedeutender Wählergruppen einen Dialog zu führen. Seine zentrale Aussage lautete: »Democracy rests on the sacred principle that the voice of the people matters. There is no room for firewalls ... To believe in democracy is to understand that each of our citizens has wisdom and has a voice. And if we refuse to listen to that voice, even our most successful fights will secure very little.«

Die Rede stieß sowohl in der deutschen Politik als auch bei Vertretern der Kirchen beinahe ausschließlich auf Empörung und Ablehnung. Aus diesem Grund habe ich sie als Ausgangspunkt meiner Überlegungen in diesem Kapitel gewählt. Denn große Empörung kann allzu leicht die Argumente überdecken, die eine sachliche Diskussion verdienen.

Bundeskanzler Olaf Scholz distanzierte sich ausdrücklich von den Äußerungen Vances und betonte, die demokratischen Parteien in Deutschland hätten aufgrund der historischen Erfahrungen mit dem Nationalsozialismus »einen gemeinsamen Konsens: Das ist die Brandmauer gegen extrem rechte Parteien«[56].

Der damalige Kanzlerkandidat der CDU, Friedrich Merz, sprach von einem fast schon übergriffigen Umgang mit den Europäern. Er stellte klar: »Wir haben eine andere Meinung«.[57]

Vizekanzler Robert Habeck äußerte sich ebenfalls deutlich und sah offenbar keine Veranlassung, seine Worte zu mäßigen: »Kümmere Dich um Deinen eigenen Kram, da gibt's Aufgaben genug in den USA.« Er unterstrich, dass Europa und Deutschland ihre »eigene Demokratie« besitzen: »Wir entscheiden selbst, wen wir wählen. Wir entscheiden selbst, welche Koalitionen gebildet werden, und wir entscheiden selbst, welche Werte wir verteidigen. Und das sind andere Werte als die, die Vance dargestellt hat.«[58]

Der Münchner Bischof Reinhard Kardinal Marx, der die Rede vor Ort miterlebt hatte, sprach davon, dass eine gemeinsame Wertebasis aufgeben wurde. Sein Eindruck lautete: »Es geht dem US-Vizepräsidenten um eine neue Weltanschauung, die nicht die meine ist.«[59]

Zu den wenigen Stimmen, die sich zurückhaltender äußerten, zählte der damalige Finanzminister Christian Lindner. Er regte an, in einer gewissen

---

56 DIE WELT, Reaktionen auf Vance-Rede.

57 T-Online, Übergriffig.

58 ntv-Nachrichten, Habeck über Vance.

59 Reinhard Kardinal Marx, »Wir sind ein Einwanderungsland, und das ist gut so.«

Demut zu prüfen, »ob nicht tatsächlich bei uns die Freiheit der Meinungsäußerung von vielen Menschen als eingeschränkt empfunden wird«.[60]

Die sogenannte Brandmauer im Deutschen Bundestag steht für den konsequenten Ausschluss jeglicher Zusammenarbeit mit der AfD – weder in direkter noch in indirekter Form. Die CDU begründet diese Haltung wie folgt: »Die Alternative für Deutschland ist eine in weiten Teilen antidemokratische, geschichtsvergessene, faschistoide und menschenverachtende Partei.« Sie gehöre zu den Feinden, die es zu zerstören gelte. Koalitionen oder irgendeine andere Art der Zusammenarbeit seien für aufrechte Christdemokraten ausgeschlossen.[61] Bundeskanzler Olaf Scholz unterstrich, wie schon erwähnt, diesen Standpunkt.[62]

Als unmittelbare Konsequenz dieser Brandmauer werden Anträge der AfD im Bundestag unabhängig von ihrem Inhalt in der Regel abgelehnt. Zudem scheitern Kandidaten der AfD regelmäßig bei der Besetzung von Ämtern wie denen des Bundestagsvizepräsidenten oder Ausschussvorsitzenden – und das ausschließlich aufgrund ihrer Parteizugehörigkeit.

Auch werden keine Beschlussvorlagen zur Abstimmung gebracht, für deren Annahme Stimmen der AfD notwendig wären.

Bei der Bundestagswahl 2025 erreichte die AfD dennoch mit 20,8 % der Zweitstimmen den zweiten Platz hinter der CDU, die 22,6 % (CSU 6 %) der Stimmen erzielte. Die sogenannte Brandmauer führt dazu, dass die parlamentarische Repräsentation von mehr als zehn Millionen Wählerinnen und Wählern

60 T-Online, »Übergriffig«. Vgl. auch Precht, Angststillstand, 93–115. Für Precht muss das Thema Meinungsfreiheit zum Thema der Mitte der Gesellschaft gemacht werden. (202) Er geht der Frage nach, wie es sein kann, dass die subjektive Meinungsfreiheit in einer liberalen Gesellschaft wie jener in Deutschland schwindet. Ausführlich und kritisch setzt er sich auch mit den Vorwürfen auseinander, die J.D. Vance zum Thema Meinungsfreiheit in Europa und insbesondere in Deutschland erhebt. Er hält das Thema Meinungsfreiheit für zu »wichtig und dringend, um es den Rechtspopulisten zu überlassen« (201 f), zu denen er offenbar auf keinen Fall gezählt werden will. So stellt er die »ehrenhaften Motive des Freiheitskämpfers Vance« (95) infrage und kommt zu dem Schluss, dass die von Vance genannten Beispiele für die starke Einschränkung der Meinungsfreiheit in Europa zwar allesamt nicht frei erfunden seien, aber sie seien doch verzerrende Übertreibungen, die Vorgänge skandalöser erscheinen lassen, als sie es sind (96). Die von Precht behaupteten Verzerrungen halten einer Überprüfung anhand der Quellen nur schwer stand. Interessant ist jedoch, dass Prechts eigene Analyse des Umgangs mit der Meinungsfreiheit in Deutschland ebenso beunruhigend wirkt wie die Kritik des amerikanischen Vizepräsidenten (98 ff).

61 CDU, Unsere Haltung zu Linkspartei und AfD, 5.

62 DIE WELT, Reaktionen auf Vance-Rede. ARD, »Maischberger«.

erheblich eingeschränkt wird – wenn nicht sogar von vornherein ausgeschlossen bleibt.

Die von Christian Lindner geäußerte Mahnung zur Demut lässt sich kaum entkräften. Eine aktuelle Allensbach-Umfrage verdeutlicht, dass nahezu zwei Drittel der Bevölkerung der Ansicht sind, »dass es heute viele ungeschriebene Gesetze gibt, die eine freie Meinungsäußerung zu bestimmten Themen besonders im öffentlichen Raum einschränken.« Zu diesen sensiblen Themen zählen unter anderem das Flüchtlingsthema, der Umgang mit dem Islam, die Tabuisierung von Begriffen wie Vaterlandsliebe und Patriotismus und Sprachregelungen, die Diskriminierungen entgegenwirken sollen. Und diese Themen, so der Eindruck eines großen Teils der Bevölkerung, würden von den »Führungseliten« nicht ernstgenommen.[63] Eine Brandmauer sollte diesen Eindruck im Interesse einer großen Zahl von Wählerinnen und Wählern keinesfalls verstärken.

Mit zeitlichem Abstand zur sogenannten Vance-Rede hat immerhin der Vorsitzende der CDU/CSU-Bundestagsfraktion, Jens Spahn, empfohlen, »mit der AfD als Oppositionspartei so umzugehen in den Verfahren und Abläufen, wie mit jeder anderen Oppositionspartei auch«. Spahn betonte, dass die AfD ihre Stärke im Bundestag erlangt habe, »weil Wählerinnen und Wähler uns was sagen wollten«.[64]

Die sogenannte Brandmauer steht in einem engen Zusammenhang mit der Frage, wie das im Grundgesetz verankerte Grundrecht auf Meinungsfreiheit in der politischen Praxis behandelt wird. Die Brandmauer basiert auf der Annahme, dass die AfD – beziehungsweise ihre Mitglieder – die im Grundgesetz definierten Grenzen dieses Grundrechts in erheblichem Maße überschreitet und daher als verfassungsfeindlich einzustufen ist. Allerdings liegt die abschließende Beurteilung dieser Frage allein beim Bundesverfassungsgericht. Dieses Gericht hat in seiner Rechtsprechung die Meinungsfreiheit traditionell sehr weit ausgelegt und ihr einen besonders hohen Stellenwert eingeräumt. Vor diesem Hintergrund sowie angesichts der Kritik von J.D. Vance am aktuellen Umgang

---

63 Institut für Demoskopie Allensbach, »FAZ-Monatsberichte – Institut für Demoskopie Allensbach (IfD)«. Vgl. dazu Precht, Angststillstand. Precht stellt fest, dass man selbstverständlich heute in Deutschland alles sagen darf, »aber es war noch nie so leicht, mit seiner Meinung anzuecken und dafür angeprangert zu werden«. (17) Er untersucht die Frage, welche »Strukturen bewirken, dass Deutschland zwar eine große Meinungsfreiheit, aber eine im Vergleich dazu sehr viel geringere Meinungstoleranz hat?« (16) Precht fordert mehr »demokratische Resilienz«, die in der Politik beginne und sich hinsichtlich der medialen Berichterstattung und Kommentierung fortsetze. (194) »Mehr moralische Bescheidenheit wagen, wenn es um die Erwartungshaltung an andere geht, wäre ein guter Anfang.« (201).

64 Spahn, Unions-Fraktionsvize Jens Spahn.

mit der Meinungsfreiheit, wie sie sich in der sogenannten Brandmauerpolitik manifestiere, erscheinen die teils heftigen Reaktionen auf die Äußerungen des amerikanischen Vizepräsidenten durchaus bemerkenswert. Eigentlich wäre eine hohe Sensibilität zu erwarten gewesen, wenn die Gefährdung eines Grundrechtes angesprochen wird. Doch angesichts der aufgezeigten empörten Reaktionen entsteht der Eindruck, als sei es undenkbar, dass demokratische Freiheiten in der Bundesrepublik in problematischer Weise eingeschränkt werden könnten.

Die Meinungsfreiheit ist, wie das Verfassungsgericht betont, »schlechthin konstitutiv für die freiheitlich-demokratische Grundordnung«. Selbst Meinungen, die verfassungsändernd oder verfassungsablehnend sind, sind zulässig, solange sie nicht aktiv auf die Abschaffung der freiheitlich demokratischen Grundordnung hinarbeiten. Auch radikale politische Forderungen, beispielsweise nach einem anderen Gesellschaftssystem, fallen grundsätzlich unter den Schutz der Meinungsfreiheit. Der Staat ist dazu verpflichtet, auch scharfe und polemische Kritik auszuhalten. Selbst überspitzte und provokante Äußerungen sind vom Schutzbereich der Meinungsfreiheit umfasst. Ihre Grenze findet die Meinungsfreiheit jedoch dort, wo die Menschenwürde verletzt wird, wo es sich um Schmähkritik handelt oder wo, wie schon erwähnt, aktiv darauf hingearbeitet wird, die freiheitlich-demokratische Grundordnung abzuschaffen.

Bislang steht nicht fest, dass die AfD die Grenzen der Meinungsfreiheit überschreitet und tatsächlich als verfassungswidrig einzustufen ist, wie es von den Befürwortern der sogenannten Brandmauer dargestellt und begründet wird. Für eine solche Feststellung wäre ein Antrag des Bundestages, des Bundesrates oder der Bundesregierung beim Bundesverfassungsgericht erforderlich. Ein solcher Antrag ist bisher nicht gestellt worden. Ausschließlich das Bundesverfassungsgericht ist in Deutschland befugt, eine Partei für verfassungswidrig zu erklären, ihre Auflösung anzuordnen und ein Verbot zur Gründung einer Ersatzorganisation auszusprechen.

Der Berliner Verfassungsrechtler Christoph Möllers, der als Prozessbevollmächtigter des Bundesrates im zweiten Verbotsverfahren gegen die Nationaldemokratische Partei Deutschlands (NPD) tätig war, äußert dazu: »Wie sie (die Welt nach einem Verbotsverfahren, H.B.) im Fall der AfD aussehen würde, weiß ich einfach nicht.« Seinen Beobachtungen zufolge ist bei der AfD in der Regel keine wirklich offene Ansprache von verfassungsfeindlichen Überzeugungen gegeben, »sondern häufig braucht es viel Hermeneutik vonseiten des Bundesamts für Verfassungsschutz, um zum Befund der Verfassungsfeindlichkeit zu kommen«.[65] Ein Beispiel kann verdeutlichen, was damit gemeint ist: So hat das Bundesamt für Verfassungsschutz in einem anderen Fall die Ein-

---

65 Möllers, »Keiner hat die autoritäre Wende vorausgesehen, aber alle fühlen sich durch sie bestätigt«.

stufung einer Person als »rechtsextremes Beobachtungsobjekt« u. a. mit der Begründung vorgenommen, sie habe in einem Interview angesichts des fragilen Gesundheitszustands des amerikanischen Präsidenten Joe Biden die Frage gestellt, wer tatsächlich im Weißen Haus die Entscheidungen treffe und »die Strippen zieht«. Der Verfassungsschutz interpretierte die Verwendung des Begriffs »Strippenziehen« als Aufgreifen bekannter antisemitischer Bilder.[66] Die Liste der Beispiele ließe sich fortsetzen.

Ein zentrales Argument für die Verfassungsfeindlichkeit der AfD ist der Vorwurf der Verwendung eines ethnischen Volksbegriffs, der der Garantie der Menschenwürde widerspreche. Die vormalige Innenministerin Nancy Faeser stellte in ihrem Statement am 2. Mai 2025 zur Einstufung der AfD durch das Bundesamt für Verfassungsschutz als gesichert rechtsextrem zusammenfassend fest, die AfD verfolge erwiesenermaßen Bestrebungen gegen die freiheitlich-demokratische Grundordnung. Sie vertrete einen ethnischen Volksbegriff, mit dem ganze Bevölkerungsgruppen diskriminiert würden. Bürgerinnen und Bürger mit Migrationsgeschichte würden als Deutsche zweiter Klasse behandelt. Das widerspreche klar der Menschenwürdegarantie des Artikel 1 des Grundgesetzes.[67]

Allerdings ist hier zu klären, ob die Verwendung eines ethnischen Volksbegriffs tatsächlich das Ziel verfolgt, die rechtliche Gleichheit aller Staatsbürger infrage zu stellen. Rechtlich umstritten ist, ob die Verwendung des ethnischen Volksbegriffs gegen das Grundgesetz verstößt, wenn er verwendet wird, ohne die Gleichheit aller Staatsbürger zu bestreiten. Es bleibt zu beachten, dass »die Einordnung einzelner Erkenntnisse mitunter eine Wertungsfrage bleibt und die Grenze zwischen polemischer, aber noch zulässiger Kritik auf der einen und einem ein Parteiverbot rechtfertigenden Menschenwürdeverstoß auf der anderen Seite fließend ist«[68]. Hier kommt dann die von Möllers genannte Hermeneutik in Spiel. So sieht auch Bundesinnenminister Dobrindt zurzeit in den Erkenntnissen des Verfassungsschutzes »keine ausreichende Grundlage für ein Verbotsverfahren gegen die AfD«[69]. Das ist jedoch ausdrücklich kein Hinweis für seine Zweifel an der Einstufung, sondern für eine schwierige Nachweislage bzw.

---

[66] Hufelschulte, »Geheimdienstakte Maaßen zeigt, was am Antisemitismus-Vorwurf dran ist«.

[67] phoenix: AfD gesichert rechtsextrem.

[68] Ogorek, Rechtswissenschaftliche Untersuchung der Bedeutung des Gutachtens des Bundesamtes für Verfassungsschutz über die Einstufung der »Alternative für Deutschland« als gesichert rechtsextremistisch für ein mögliches gegen die Partei gerichtetes Verbotsverfahren.

[69] Berliner Zeitung, Alexander Dobrindt zu Verfassungsschutz-Bericht.

einen von ihm bevorzugten Umgang mit der AfD. Dobrindt will, wie er sagt, die AfD aus der politischen Mitte heraus wegregieren.[70]

Es besteht, wie unschwer erkennbar ist, ein erheblicher Klärungs- und Diskussionsbedarf. Von wesentlicher Bedeutung für eine Brandmauer ist die Klärung des Vorwurfs der Verfassungsfeindlichkeit der AfD durch das Bundesverfassungsgericht. Aber unabhängig davon, ob der Antrag auf eine Klärung auch weiterhin - sei es aus taktischen, politischen, juristischen oder sonstigen Gründen - verschoben wird, ist es nur schwer vertretbar, eine offene und sachliche Diskussion mit den Wählern, Mitgliedern und Abgeordneten der AfD von vornherein zu blockieren. Denn mehr als zehn Millionen Menschen und deren parlamentarische Vertretung im Deutschen Bundestag sind unmittelbar betroffen.

Wie positioniert sich nun die Evangelische Kirche in Deutschland angesichts dieser Lage? Innerkirchlich wird zurzeit der Umgang mit Kirchenmitgliedern geklärt, die entweder bereits ein kirchliches Amt innehaben oder sich um ein solches bewerben und zugleich Mitglieder der AfD sind. Wie die Ratsvorsitzende des Rates der EKD angekündigt hat, wird rechtlich geprüft, inwieweit kirchliche Ämter mit einem politischen Engagement für die AfD vereinbar sind.[71]

Die EKD sieht ihre Verantwortung jedoch nicht nur innerhalb der Kirchen. Sie betont, eine besondere Verantwortung für den innergesellschaftlichen Frieden zu tragen, und sieht es als wesentliche Aufgabe an, den Dialog zu suchen und Räume für den gesellschaftlichen Austausch zu schaffen. Sie stellt jedoch zugleich klar, dass diese Dialogräume »dort enden, wo die verfassungsfeindliche Rede beginnt«[72]. Wo diese verfassungsfeindliche Rede beginnt und ob sich die Kirche dabei auf die vom Bundesverfassungsgericht gezogenen Grenzen bezieht (siehe oben) oder diese selbst definiert, bleibt unklar. Sind verfassungskritische Meinungen oder Forderungen nach einem anderen Gesellschaftssystem verfassungsfeindlich aus Sicht der Kirche? Es lässt sich nur schwer erkennen, wie ausgeprägt die Sensibilität der EKD für die in der deutschen Demokratie zentrale Meinungsfreiheit ist und wie ernsthaft die Betonung der besonderen kirchlichen Aufgabe des gesellschaftlichen Dialogs gemeint ist.

Nur selten finden sich in den öffentlichen Stellungnahmen der EKD direkte Verweise auf die sogenannte Brandmauer-Politik. Dennoch gibt es Hinweise, dass sie diese Strategie befürwortet. Dies wird unter anderem in einem Schreiben der Bevollmächtigten des Rates der EKD bei der Bundesrepublik

---

[70] Thurau, Innenminister.

[71] epd, Fehrs: Kandidatur für AfD nicht mit Kirchenamt vereinbar.

[72] Evangelische Kirche in Deutschland, Beschluss der 13. Synode der Evangelischen Kirche in Deutschland auf ihrer 3. Tagung zu Frieden - Gerechtigkeit - Bewahrung der Schöpfung.

Deutschland und der Europäischen Union an sämtliche Bundestagsabgeordnete deutlich. In diesem Schreiben wird davor gewarnt, eine Verschärfung der Asylpolitik mit Unterstützung der AfD im Bundestag zu beschließen. Gemeinsam mit dem Leiter des Kommissariats der deutschen Bischöfe (Katholisches Büro in Berlin) ruft die Bevollmächtigte den Abgeordneten in Erinnerung, dass sich die Fraktionen darauf verständigt haben, keine Abstimmungen zuzulassen, bei denen die Stimmen der AfD ausschlaggebend seien. »Wir befürchten, dass die deutsche Demokratie massiven Schaden nimmt, wenn dieses politische Versprechen aufgegeben wird.«[73] Bemerkenswert ist, dass die Brandmauer-Politik als selbstverständlich richtig angesehen wird, so dass die Möglichkeit einer Einschränkung der Meinungsfreiheit in diesem Zusammenhang gar nicht in Betracht gezogen wird.

Im Jahr 2023 verurteilte die Synode der Evangelischen Kirche in Deutschland in Ulm »menschenverachtende Haltungen und Äußerungen insbesondere der rechtsextremen Kräfte innerhalb der AfD« als in keiner Weise mit dem christlichen Glauben vereinbar – ein Urteil, das sicher angemessen ist. Gleichzeitig rief die Synode alle »Wahlberechtigten mit Blick auf die Wahlen im Jahr 2024 dazu auf, ausschließlich Parteien aus dem demokratischen Spektrum zu wählen, die sich für eine offene Gesellschaft der Vielfalt und ein gerechtes, demokratisches Gemeinwesen einsetzen«[74]. Die Ratsvorsitzende der EKD, Kirsten Fehrs, erläuterte diesen Standpunkt im Jahr 2025 in einem Interview. In Bezug auf die Äußerung des Vorsitzenden der Deutschen Bischofskonferenz, der erklärte, dass rechtsextreme Parteien sowie solche, die am Rande dieser Ideologie agieren, für Christinnen und Christen keinen Ort politischer Betätigung bieten und deshalb nicht wählbar seien, stellte Fehrs klar: »Da gehe ich mit, denn völkisch-nationales Gedankengut ist definitiv mit unseren christlichen Grundwerten nicht vereinbar.«[75]

Die Prüfung der Vorwürfe gegen die AfD, zu denen Christoph Möllers festhält (siehe oben), dass es einer umfangreichen hermeneutischen Analyse bedarf, um einen eindeutigen Befund der Verfassungsfeindlichkeit zu erlangen, scheint auf der Leitungsebene der EKD bereits abgeschlossen. Dass das Bundesverfassungsgericht bislang noch nicht mit einem Verbotsverfahren gegen die Partei befasst ist, weil kein entsprechender Antrag vorliegt, führt bei der EKD nicht zu einer Verunsicherung. Vor diesem Hintergrund wird offenbar, wie die Ratsvorsitzende den Begriff »Dialog« versteht: Es geht nicht um einen Diskurs

---

73 EKD, Kirchen schreiben Brandbrief an Abgeordnete. – Der Text des Schreibens liegt dem Verfasser vor.

74 Evangelische Kirche in Deutschland, Beschluss der 13. Synode der Evangelischen Kirche in Deutschland auf ihrer 4. Tagung zur Auseinandersetzung mit gruppenbezogener Menschenfeindlichkeit und extremer Rechter.

75 phoenix: Kirsten Fehrs (EKD) zum Umgang der Kirche mit der AfD, 17.4.25.

mit den Abgeordneten, die mehr als zehn Millionen Wählerinnen und Wähler repräsentieren. Ebenso wenig ist beabsichtigt, eine Sachdiskussion über politische Positionen zu ermöglichen oder zu führen, die aufgrund der bestehenden Brandmauer im Bundestag weitgehend ausbleibt. Dazu zählt auch die argumentative Zurückweisung möglicherweise verfassungsrechtlich bedenklicher Standpunkte.

Wo bleibt dann aber die bereits erwähnte kirchliche Verantwortung für den gesellschaftlichen Dialog und den inneren Frieden? Auf die Nachfrage an die Ratsvorsitzende, ob es nicht paradox sei, einerseits deutlich zu machen, dass die Positionen der AfD-Wähler in der Kirche eigentlich gar keinen Platz hätten, und andererseits doch mit ihnen im Gespräch bleiben zu wollen, antwortete sie, man lasse sich darauf ein zuzuhören. Hinter jeder Position, so betonte sie, verberge sich eine Geschichte. Das Hören auf diese Geschichte hinter der Position verhindere, in Feindschaft zum Gegenüber zu verfallen. (Auf diese Weise wird vermutlich dem biblischen Gebot der Feindesliebe entsprochen.) Darüber hinaus gehe es jedoch auch darum, das Gegenüber wieder auf einen konstruktiven Weg zurückzuführen. Denn, so die Ratsvorsitzende weiter, man müsse davon ausgehen, »dass es natürlich Menschen gibt, die auch sehr schwankend in ihren politischen Meinungen unterwegs sind«[76]. Dass es um mehr gehen könnte als um politisch verirrte Menschen, nämlich um Menschen mit einem inhaltlichen Anliegen, das ernstgenommen werden will, hat Paul Mittelhoff jüngst in einem Kommentar umschrieben: »Was fehlt, ist eine Politik, die den Bürger nicht als wütenden Giftzwerg behandelt, auf den man im gleichen Maße hinabschaut, wie man sich vor ihm fürchtet, sondern als verantwortungsbewussten Menschen, der mit der verfahrenen Realität klarkommt, sogar bereit ist, mitzuziehen, damit das Land aus den diversen Krisen wieder herauskommt.«[77]

Es ist eher unwahrscheinlich, dass Menschen, deren Standpunkte nicht ernstgenommen werden, sich im kirchlichen Umfeld anders verhalten als in der Politik: Sie wenden sich von jenen ab, die ihnen belehrend oder therapierend oder ausgrenzend begegnen.

Fazit

Nach den offiziellen Verlautbarungen der EKD steht weniger ein inhaltlicher Diskurs im Vordergrund, sondern vielmehr lediglich eine diskursive Kulisse sowie moralische Führung. Es geht der EKD nicht darum, im Diskurs zutage tretende verfassungsrechtlich bedenkliche Positionen argumentativ zurückzuweisen. An einem solchen Diskurs besteht offenbar kein Interesse. Er wäre

---

76 Ebd.

77 Middelhoff, Antifa.

dringend erforderlich, auch wenn unbestritten bleibt, dass sich manche Vertreter der AfD menschenverachtend und rassistisch äußern. Sobald politische Überzeugungen – wie etwa das Konzept der Brandmauer – als Kriterium für wahres Christsein reklamiert werden und auf einer deutungsoffenen Grundlage exklusive Wahlempfehlungen ausgesprochen werden, entsteht der Eindruck, Christsein sei zwangsläufig an ein bestimmtes Wahlverhalten gekoppelt. Dies lässt außer Acht, dass selbst bei grundlegenden Überzeugungen des Christentums unterschiedliche Auslegungen und Lebensweisen möglich sind. Die Konsequenz einer solchen Vorgehensweise ist die pauschale Ausgrenzung von Menschen. Dadurch wird der gesellschaftliche Zusammenhalt gefährdet. René Donzé bringt dies in der Neuen Zürcher Zeitung prägnant auf den Punkt: »Die Grenzen sind dort zu ziehen, wo individuelle Äußerungen und Taten das Recht oder christliche Werte fundamental verletzen. Pauschale Verurteilungen, Ausschlüsse und Parolen hingegen vertiefen bestehende Gräben und stehen im Widerspruch zum christlichen Geist.«[78] Wo fundamentale Verletzungen christlicher Werte vorliegen, sollte dies im Rahmen eines Diskurses erörtert werden; pauschale Unterstellungen können hierfür keinen überzeugenden Nachweis liefern. Die Folgen einer verweigerten inhaltlichen Auseinandersetzung zeigen sich unter anderem in den Wahlergebnissen der AfD: Menschen, deren Positionen inhaltlich unbeachtet bleiben, fühlen sich nicht ernst genommen und wenden sich schließlich dorthin, wo ihnen diese Ernsthaftigkeit entgegengebracht wird. Die Kirche hätte die Möglichkeiten und Räumlichkeiten, einen solchen Diskurs zu initiieren, zu fördern und sich selbst daran zu beteiligen.[79] Sie könnte so ein kräftiges Signal für den Schutz der Demokratie geben, zumal die politische Auseinandersetzung ein wesentliches Merkmal einer Demokratie ist. Mit demokratischen Überzeugungen ist es nur schwer zu vereinbaren, wenn die Meinung von mehr als zehn Millionen Wählerinnen und Wählern als irregeleitet klassifiziert wird und ihre Repräsentation im Parlament blockiert wird.

---

[78] Donzé, Kirchen sollen keine Brandmauern, sondern Brücken bauen.

[79] Vgl. Körtner, Die Kirche als politische Volkskirche. Anspruch und Wirklichkeit, 181. »Gerade die Kirchen sollten das Gespräch mit den Menschen suchen, und zwar nicht etwa nur, um ihnen in der Manier von Besserwissern ihre vermeintlich völlig unbegründeten Ängste auszureden, sondern um ihnen auf Augenhöhe zuzuhören und mit ihnen über ihr Verständnis dessen, was christlich und christlicher Glaube sei, ins Gespräch zu kommen.«

4. Die Evangelische Kirche und die Impfpflichtdebatte in der Corona-Pandemie – die leichtfertige Bereitschaft, einen Diskurs vorzeitig zu beenden

Am 27. Januar 2020 wurde in Deutschland der erste Fall einer Infektion mit dem Coronavirus SARS-CoV-2 festgestellt. Kurz darauf, am 11. März, erklärte die Weltgesundheitsorganisation (WHO) COVID-19 offiziell zur Pandemie. Im selben Monat folgte ein erster bundesweiter Lockdown, der mit umfassenden Kontaktbeschränkungen, Schulschließungen und Reiseverboten verbunden war. Diese bis dahin beispiellosen Maßnahmen griffen tief in die Grundrechte der Bevölkerung ein.

Im Januar 2021 begann die Impfkampagne gegen COVID-19. Während im Sommer 2021 die Infektionszahlen sanken, kam es im darauffolgenden Winter zu einem erneuten, deutlichen Anstieg der Inzidenzen. In dieser Zeit löste die Virusvariante Omikron die zuvor dominante Delta-Variante ab. Omikron zeichnete sich durch einen deutlich milderen Krankheitsverlauf aus. Nach Angaben des Robert-Koch-Instituts lag die Zahl der Todesopfer im Zusammenhang mit COVID-19 in Deutschland bis Ende 2021 bei rund 112.000.

Angesichts der im Oktober 2021 erneut steigenden Infektionszahlen sprachen sich einzelne Landespolitiker für die Einführung einer allgemeinen Impfpflicht aus. Im Dezember 2021 empfahl der Deutsche Ethikrat mehrheitlich eine Erweiterung der bereits vom Deutschen Bundestag beschlossenen einrichtungsbezogenen Impfpflicht gegen COVID-19. Nach intensiver Beratung verschiedener Vorschläge stimmte der Deutsche Bundestag am 17. März 2022 über einen Kompromissentwurf ab, der eine Impfpflicht ab 60 Jahren ab dem 15. Oktober 2022 vorsah. Dieser Entwurf fand jedoch keine Mehrheit im Parlament.

Im Folgenden wird der Umgang der Evangelischen Kirche in Deutschland (EKD) mit dem Vorschlag einer erweiterten Impfpflicht exemplarisch betrachtet. Im Zentrum der Analyse stehen Stellungnahmen sowie Ausführungen der Ratsvorsitzenden des Rates der EKD.

Vom 7. bis 10. November 2021 fand die Synode der EKD digital in Bremen statt. Ein expliziter Beschluss zur damals öffentlich diskutierten Ausweitung der Impfpflicht wurde auf dieser Tagung nicht gefasst. Das Thema »Pandemie« wurde jedoch vom Ratsvorsitzenden, Landesbischof Heinrich Bedford-Strohm, im Rahmen seines Ratsberichts bei der Synode aufgegriffen. Er betonte, dass in Deutschland »fast verzweifelt« dafür geworben werde, mehr Menschen zur Impfung zu bewegen. Wer sich gegen eine Impfung entscheide, stelle nach der klaren wissenschaftlichen Erkenntnis ein deutlich höheres Risiko für andere dar. Das sei ein schlichtes Faktum.

Darüber hinaus richtete er einen eindringlichen Appell an ungeimpfte Personen in Deutschland, sich einen Ruck zu geben und sich impfen zu lassen.

Er hob hervor, dass das individuelle Risiko, schwer an COVID-19 zu erkranken, höher sei als das Impfrisiko. Zudem wies er darauf hin, dass die Krankenhäuser schon wieder begännen, überfüllt zu sein, und dass die »erdrückende Mehrheit der schwer Erkrankten« Ungeimpfte seien. Die Sorge um das Wohl der Menschen ist dem Ratsvorsitzenden anzumerken, doch die Frage, ob es für seine Aussage belastbare Zahlen gebe, wurde offenbar nicht gestellt. Solche Zahlen gab es auch nicht, wie aus einer Antwort des Deutschen Bundestages 2025 hervorgeht.[80] In seinem Appell unterstrich Bedford-Strohm: »Diejenigen, die sich jetzt endlich dazu durchringen, sich impfen zu lassen, helfen sich selbst, uns allen, aber ganz besonders den Kindern und den Menschen, die sich nicht impfen lassen können. Sie helfen, die Risiken zu begrenzen und zu einer Entwicklung zu kommen, in der die noch immer bestehenden Freiheitseinschränkungen endlich ganz überwunden sind.«[81]

Schon in einer Pressemitteilung[82] vom September 2021 betonte der Ratsvorsitzende eindringlich die besondere Verantwortung gegenüber Kindern. Mit Nachdruck appellierte er an Erwachsene, sich impfen zu lassen, und verwies darauf, dass ein weiterer Lockdown vor allem Kinder besonders hart treffen würde – davor müssten sie geschützt werden. Geimpfte Erwachsene trügen dazu bei, weil sie andere mit geringerer Wahrscheinlichkeit anstecken würden. Die damit verbundene, logisch folgende Annahme war, dass sich die Pandemie auf diese Weise wirksam eindämmen ließe.

In den genannten Beispielen trat der Ratsvorsitzende entschieden und emotional für den Schutz vulnerabler Gruppen ein. Seine Appelle waren vor allem moralisch begründet: Er verwies auf die Verantwortung der Bürger gegenüber Schutzbedürftigen, gegenüber sich selbst sowie gegenüber dem Gesundheitssystem insgesamt. Die von ihm vertretenen Einschätzungen, dass Ungeimpften ein Risiko für andere seien, dass das Impfrisiko geringer sei als das Risiko, schwer zu erkranken, dass die Krankenhäuser überfüllt seien, dass die Impfung die Pandemie wirksam eindämmen könne, untermauerte er mit der Aussage, sie beruhe auf »der klaren wissenschaftlichen Erkenntnis« beziehungsweise auf offensichtlichen Tatsachen. Eine Notwendigkeit, sie zu hinterfragen, wurde damit ausgeschlossen. Es ist auch nicht ersichtlich, dass diese Überzeugungen im Rahmen eines Diskurses mit konträren Positionen entstanden sind. Was bleibt, ist ein Moralisieren, ohne dass überprüfbare Argu-

80 Deutscher Bundestag, Antwort der Bundesregierung auf die Kleine Anfrage der Abgeordneten Martin Sichert, Kay-Uwe Ziegler, Dr. Christina Baum, weiterer Abgeordneter und der Fraktion der AfD – Drucksache 21/186 – Drucksache 21/391. Bodderas, Politiker gaben Ungeimpften die Schuld – aber die Daten erzählen eine andere Geschichte.

81 Bedford-Strohm, Bericht des Ratsvorsitzenden, 13.

82 EKD, Pressemitteilung 115-2021.

mente herangezogen wurden. Im weiteren Verlauf werde ich darauf noch näher eingehen.

Heinrich Bedford-Strohm sprach sich nicht für eine allgemeine gesetzliche Impfpflicht aus. Dies änderte sich bei seiner Nachfolgerin Annette Kurschus, die auf der bereits erwähnten EKD-Synode in Bremen im November 2021 zur Ratsvorsitzenden gewählt wurde. Kurz nach ihrer Wahl war sie zu Gast in der von Frank Plasberg moderierten Sendung »Hart aber fair«.

Auch Annette Kurschus argumentierte auf der moralischen Ebene, indem sie an das Gewissen und die Verantwortung jedes Einzelnen appellierte. Sie ging jedoch einen Schritt weiter und sprach sich für eine gesetzliche Impfpflicht aus, um eine Verhaltensänderung in der Gesellschaft zu erreichen. Dabei begründete sie ihre Haltung mit der Überlastung des Gesundheitssystems, die sie unmittelbar auf die mangelnde Impfbereitschaft zurückführte. Nach ihrer Ansicht war es die »Pflicht« jedes Menschen, der in einer Gemeinschaft lebt, sich impfen zu lassen, sofern dies möglich ist.[83]

Für Kurschus war die Zeit der Diskussion beendet. Sie betonte, dass die Zeit dränge und jeder Tag Menschenleben koste; daher könne man nicht länger abwarten oder unterschiedliche Meinungen dulden. Zudem verwies sie auf eine Forsa-Studie, der zufolge Menschen, die sich bislang nicht hätten impfen lassen, auch in Zukunft nicht dazu bereit seien. Die Ratsvorsitzende stellte fest: »Und da ist mir deutlich geworden, wir haben jetzt eine so brandgefährliche Situation, da ist mir der Schutz der besonders Vulnerablen, denn das sind die Alten und vor allen Dingen die Kinder, wichtiger als dieses Zusammenführen aller unterschiedlichen Meinungen.«[84]

In einem Interview mit dem Deutschlandfunk am 23. Dezember 2021 wiederholte Annette Kurschus ihre zentralen Argumente und konkretisierte, dass das Impfen eine »Pflicht aus christlicher Nächstenliebe heraus« sei, insbesondere im Hinblick auf die »Schwächsten in unserer Gesellschaft«. Sie verstärkte ihr moralisches Argument, indem sie dieses mit religiöser Autorität auflud. Über Begriffe wie Solidarität, Menschenwürde oder Humanität ist der Gedanke der christlichen Nächstenliebe in der pluralen, säkularen Gesellschaft zwar breit anschlussfähig, dennoch ist Religion in der Moderne nicht mehr geeignet, allgemeine Verbindlichkeiten zu begründen. Die religiöse Aufladung kann außerhalb kirchlicher Kreise nur den Zweck erfüllen, ein Argument der kritischen und demokratischen Meinungsbildung entziehen zu wollen.

Auch betonte die Ratsvorsitzende erneut, wir wüssten »gesichert«, dass von der Impfung »keine erkennbaren Schäden« ausgehen würden.[85]

---

83 ARD: »hartaberfair«, 00:25:03.

84 ARD: »hartaberfair«, 00:49:52.

85 Kurschus, Kurschus: »Impfen ist eine Pflicht aus christlicher Nächstenliebe heraus«.

Am 13. Februar 2022 modifizierte Kurschus in einem Interview mit der Augsburger Allgemeinen ihre Aussagen zur Impfpflicht. Die Situation durch die Omikron-Variante sei »diffiziler« geworden. Dennoch sei sie weiterhin für eine »Verpflichtung zum Impfen«. Wie sich diese im Einzelnen praktisch und rechtlich gestalten ließe, sei »Sache von Juristinnen und Politikern«.[86]

Problematisch ist bei den Äußerungen der beiden Ratsvorsitzenden, dass nicht erkennbar ist, ob ihre Überzeugung im Austausch mit anderen, abweichenden Positionen reflektiert und hinterfragt wurde, geschweige denn, dass ein kontroverser Diskurs gefördert werden sollte. Ein solches Auftreten, das sich im Besitz der Wahrheit wähnt und eine kritische Überprüfung nicht mehr zulässt, führt zu einer »Hypostatisierung« der Kirche.[87]

Ein anderer Schluss ist kaum möglich, wirft man einen Blick auf Diskussionsbeiträge und empirische Daten, die Ende 2021 und Anfang 2022 veröffentlicht wurden und von besonderer Relevanz sind.

Angesichts der Sorge um eine mögliche Überlastung des Gesundheitssystems stellt sich vorrangig die Frage, ob nicht vor allem jene Altersgruppen in den Mittelpunkt rücken sollten, die durch einen schweren Krankheitsverlauf besonders gefährdet sind und daher das Gesundheitssystem am ehesten belasten könnten. Bemerkenswert ist in diesem Zusammenhang, dass gerade in der am stärksten gefährdeten Altersgruppe (60 und älter) bereits im Dezember 2021 eine Erstimpfquote von über 90 % erreicht war.[88] Dennoch wurde sowohl vom Ratsvorsitzenden Heinrich Bedford-Strohm als auch von der Ratsvorsitzenden Annette Kurschus eine mangelnde Impfbereitschaft beklagt.[89]

Auch die allgemein vorgebrachte Behauptung einer drohenden Überlastung der Krankenhäuser ist in dieser Pauschalität nicht haltbar. Obwohl eine solche Belastung mit eindrücklichen Bildern und Berichten von den Medien vermittelt wurde, wurde sie im Bundestag angezweifelt. Wolfgang Kubicki, Mitglied des Deutschen Bundestags, richtete zu diesem Thema im Februar 2022 eine Anfrage an das Bundesministerium für Gesundheit. Die Antwort lautete: »Im Frühjahr 2021 sowie im Herbst/Winter 2021 kam es dabei regional zu einer Überlastung der verfügbaren ITS-Behandlungskapazitäten und zu strategischen Patientenverlegungen innerhalb Deutschlands zum Kapazitätsausgleich. Eine deutschlandweite, regional gleichzeitige Überlastung aller verfügbaren ITS-Kapazitä-

---

86 Kurschus, Missbrauch überlagert alles, was die Kirchen positiv bewirken.

87 Joas, Kirche als Moralagentur?, Pos. 114. Joas verweist auf Karl Rahner: »Er wehrte sich gegen eine Hypostasierung der Kirche, die diese in einer Weise denkt, als sei sie ›fast so etwas wie eine selbständig existente ›Größe', die dem Volk Gottes als Lehrerin und Leiterin gegenübersteht'.«

88 https://de.statista.com/statistik/daten/studie/1258043/umfrage/impfquote-gegen-das-coronavirus-in-deutschland-nach-altersgruppe/.

89 S. S. 47 und 49.

ten, die eine systemische Unterversorgung von intensivpflichtigen COVID-19-Fällen oder deren strategische Verlegung ins Ausland bedeutet hätte, trat nicht ein.«[90]

Ein zentraler Punkt in der Debatte um eine Impfpflicht ist schließlich die Frage, inwieweit eine Impfung tatsächlich die Weitergabe der Krankheit verhindert. Ist der Fremdschutz durch eine Impfung nicht mit großer Wahrscheinlichkeit gesichert, verliert der Einsatz für eine Impfpflicht zum Schutz vulnerabler Gruppen seine Hauptbegründung.

Angesichts des tiefgreifenden Eingriffs in die Persönlichkeitsrechte wäre es wünschenswert gewesen, wenn die Evangelische Kirche eine breitere Diskussion angestoßen hätte. Dies gilt umso mehr, als beim RKI im Jahr 2022 die Auskunft zu finden war: »Wie hoch das Transmissionsrisiko unter Omikron ist, kann derzeit noch nicht bestimmt werden. Es muss jedoch davon ausgegangen werden, dass Menschen nach Kontakt mit SARS-CoV-2 trotz Impfung PCR-positiv werden und dabei auch Viren ausscheiden und infektiös sind. Dabei können diese Menschen entweder Symptome einer Erkrankung (die zumeist eher milde verläuft) oder überhaupt keine Symptome entwickeln.« [91] Die veröffentlichten Protokolle des RKI stützen im Nachhinein diese Einschätzung. Dort ist festgehalten, dass in den Medien von einer »Pandemie der Ungeimpften« gesprochen werde, der Minister dieses bei jeder Pressekonferenz sage, dieses aber aus fachlicher Sicht nicht korrekt sei. Die Aussage diene wohl als Appell an die Ungeimpften, sich impfen zu lassen.[92]

Offensichtlich lag das Interesse der Ratsvorsitzenden weniger auf der Förderung einer sachlichen Diskussion oder einer kritischen Reflexion kirchlicher Positionen zur Impfpflicht gegen COVID-19, sondern vielmehr auf der Vermittlung moralischer Überzeugungen. Auch trat das sonst gern vorgebrachte kirchliche Anliegen zurück, für die Sprachlosen zu sprechen.[93] Dieses Anliegen ernst zu nehmen, hätte bedeuten können, Stimmen Gehör zu schaffen, die an den Rand gedrängt wurden und wegen ihrer fachlichen, aber vom politischen und medizinischen Mainstream abweichenden Meinung, übelst verunglimpft wurden.[94] Dies wird besonders deutlich, wenn man berücksichtigt, dass Frau

---

90 Bundesministerium für Gesundheit, Schriftliche Frage im Monat Februar 2022, Arbeitsnummer 2/054.

91 Zit. in: Ärztinnen und Ärzte für individuelle Impfentscheidung e.V., Stellungnahme zur öffentlichen Anhörung ›Corona-Impfungen‹ des Gesundheitsausschusses des Deutschen Bundestages am 12. Oktober 2022, 23.

92 Robert Koch-Institut, COVID-19 Krisenstabprotokolle, 5f.

93 Es gehört u.a. zu den Leitsätzen des Medienunternehmens der EKD. Vgl. https://www.evangelisch.de/inhalte/101441/31-08-2010.

94 Vgl. z.B. Streeck, Virologe Streeck zieht Pandemie-Bilanz: ›Die Spaltung wirkt bis heute‹.

Kurschus bei einem Impfstoff, der zu diesem Zeitpunkt noch keine reguläre Zulassung erhalten hatte, ein gesichertes Wissen über dessen Unbedenklichkeit voraussetzte. Dabei hätte bereits der Grundsatz ärztlicher Aufklärung – keine Wirkung ohne Nebenwirkung – zu erhöhter Vorsicht mahnen können.

Eine Impfpflicht gehört zu den gravierendsten Eingriffen in die Freiheit der Bürgerinnen und Bürger. Aber schon die während der Pandemie umgesetzten Maßnahmen wie z. B. die Einschränkung der Bewegungsfreiheit, der Versammlungsfreiheit, der Religionsfreiheit und der Berufsfreiheit stellten massive Eingriffe in die Grundrechte dar. Es wäre wünschenswert gewesen, wenn die Kirchen die verwaltungsgerichtliche Rechtsprechung kritisch betrachtet und damit eine öffentliche Debatte angestoßen hätten. Aus Sorge um die Freiheit hätten sie die Frage stellen können, ob es nicht Aufgabe der Verwaltungsgerichte sei, die auf Grundlage der Empfehlungen des Robert-Koch-Instituts erlassenen Einschränkungen der bürgerlichen Freiheiten kritisch zu überprüfen und unterschiedliche Meinungen einzuholen. Es gab diese kritischen Stimmen, auf deren Einbeziehung in einen Diskurs die Evangelische Kirche hätte deutlich hinweisen können.[95]

Fazit

In der Debatte um die Impfpflicht während der Corona-Pandemie trat die Evangelische Kirche in Deutschland (EKD) als scheinbar unanfechtbare moralische Instanz innerhalb der Gesellschaft auf. Die Ratsvorsitzende erklärte den Dialog mit denjenigen, die eine Impfung ablehnten, für beendet. In der kontroversen Diskussion um die Impfpflicht, bei der sowohl das medizinische Transmissionsrisiko als auch mögliche Impfrisiken nicht abschließend geklärt waren, berief sie sich auf das zentrale christliche Gebot der Nächstenliebe, um eine eindeutige Handlungsanweisung zu etablieren. So erhielt die staatlich diskutierte Einführung der Impfpflicht einen religiösen Bedeutungsgehalt, der durch die Bezugnahme auf das höchste Gebot der Christenheit (Matthäus 22,38) mit einem quasireligiösen Absolutheitsanspruch in den politischen Entscheidungsprozess eingebracht wurde. Die moralische Pflicht des Einzelnen, sich impfen zu lassen, um den Nächsten zu schützen, wurde in einer Art und Weise hochstilisiert, dass die Problematik der politischen Debatte keine Rolle mehr spielen konnte und damit auch ein kontroverser Dialog als nicht mehr sinnvoll qualifiziert wurde. Eine solche Verengung des christlichen Liebesgebots widerspricht seinem universalen Charakter. Ob das christliche Liebesgebot derart politisch instrumentalisiert werden darf, ist mehr als fraglich.

---

95 Vgl. Prantl, Heribert Prantl zu Corona-Urteil. S. auch: Prantl, Der Staat scheut es, sich mit seiner Pandemie-Politik auseinanderzusetzen.

Da von unsicheren Voraussetzungen ausgegangen wurde, geriet in den Verlautbarungen der EKD die grundlegende Frage nach einer freiheitswahrenden Konfliktlösung – also nach dem Recht auf eigenverantwortliche Lebensgestaltung – aus dem Blick. So trat die Verantwortung für die soziale Integration Andersdenkender und damit die Verantwortung für den gesellschaftlichen Zusammenhalt bedenklich in den Hintergrund.

5. Ein problematisches Muster

Anhand von vier Themenbereichen haben wir Stellungnahmen und Positionierungen des Rates der EKD sowie weiterer Leitungsorgane aus den vergangenen Jahren untersucht und analysiert.

Die Leitungsspitze der EKD stellt sich unermüdlich großen Herausforderungen unserer Zeit. Im Fokus ihres Sorgens stehen Themen wie das Klima, die Situation von Geflüchteten, der Erhalt der Demokratie, die rechtzeitige Impfung und vieles mehr. Diese kontinuierliche Sorge sieht sie als Teil ihrer gesellschaftlichen Verantwortung. Die Sorge ist gewiss Ausdruck ihres Engagements für unser Land, seinen richtigen Weg sowie die Zukunft seiner Bürgerinnen und Bürger.

Die verantwortlichen Gremien der EKD trauen den von ihr in öffentlich über Medien oder in Brandbriefen an Abgeordnete geäußerten Positionen zu unterschiedlichsten Themen eine hohe Bedeutung und eine große Wirkung zu. Sie geben sich überzeugt, dass die bundesdeutsche und internationale Öffentlichkeit erfahren muss, wie sich die Spitze der Evangelischen Kirche in Deutschland in aktuellen und grundlegenden Fragen – von Impfkampagnen über Grenzkontrollen bis hin zu Vorschriften zur verantwortlichen Wahl des Dienstwagens – grundsätzlich und aktuell positioniert.

Die EKD ist in ihrer Führungsebene überzeugt, ein exklusives Wächteramt innezuhaben. Aus diesem heraus beobachtet sie die Akteure des Staates sowie übergeordnete Organisationen hinsichtlich ihres Umgangs mit Menschenrechten und Barmherzigkeit und mahnt deren Einhaltung an.

Dabei lässt sich, unserer Ansicht nach, ein durchgängiges Muster erkennen. Die eigene Position wird tendenziell mit einem exklusiven Anspruch auf Wahrheit vertreten und so einem Diskurs entzogen.[96] Dieses lässt sich nur mit einem unmittelbaren Vertretungsanspruch für das Evangelium oder gar für den

---

96 Bemerkenswert ist der Widerspruch zum eigenen Anspruch: »Er [der Mut zum offenen Wort] ist daher Ermutigung, meine eigenen Überzeugungen niemals so vorzutragen, als seien sie die einzig wahren und richtigen.« Evangelische Kirche in Deutschland, Christliche Perspektiven für unser gesellschaftliches und politisches Miteinander. Wort des Rates der Evangelischen Kirche in Deutschland (EKD), 7.

Willen Gottes erklären. Es ist insofern nicht ganz leicht, den Vorwurf der Selbstsakralisierung von der Hand zu weisen.

Die vertretene Position wird häufig moralisch aufgeladen, während gegenteilige Ansichten gleichzeitig unter Verdacht gestellt werden, sie würden Demokratie, Menschenrechte, das europäische Recht oder gar das Gebot der Nächstenliebe missachten.[97] So ist man in den Debatten nicht mittendrin, sondern eher außen vor bzw. oben drüber.

Es werden abschließende Stellungnahmen zu komplexen – seien es rechtliche, politische, medizinische oder sonstige wissenschaftliche – Themen abgegeben, ohne dass ein nötiger Diskurs anerkannt, gefördert oder gar wertgeschätzt wird.

Ein Diskurs, der um den Ausgleich unterschiedlicher Positionen bemüht ist, liegt zu wenig bis gar nicht im Fokus der hier von uns analysierten Stellungnahmen von Spitzenvertretern bzw. Gremien der EKD.

Die aus der protestantischen Tradition zu erwartende Mitverantwortung für die Freiheit des Einzelnen und für den gesellschaftlichen Zusammenhalt sowie eine eigene partnerschaftliche Haltung zu staatlichen Institutionen und Verfassungsorganen, die einem grundsätzlichen Misstrauen gegen dieselben vehement widerspricht, lässt sich in den Stellungnahmen der EKD kaum erkennen.

---

[97] S. auch: Körtner, Für die Vernunft. »Im gesellschaftlichen Streit ist das Urteil moralischer Instanzen gefragt, deren Autorität den Mangel an ethischen Argumenten kompensieren soll.« (27) Wer zwischen Gut und Böse unterscheide, wähne sich üblicherweise auf der Seite der Guten. Es bestehe die Gefahr, dass der politische Gegner zur moralisch minderwertigen Person abgewertet werde. (28) Die Berufung auf Werte, die immer Setzung sind, führe »immer zur Abgrenzung gegenüber irgendwelchen ›anderen‹, die aus der eigenen Gemeinschaft ausgeschlossen werden.« (35).

Kapitel II
Die Kirche als Zeichen und Hinweis auf das Reich Gottes – Impulse aus dem Verständnis der Kirche im modernen Protestantismus

Die reformatorischen Kirchen haben in dem Verständnis dessen, was die Kirche ist, angeknüpft an die altkirchlichen Bekenntnisse. Sie waren überzeugt, in der Reduzierung der notwendigen Bestimmungen der Kirche darauf, dass sie der Ort und die Gemeinschaft ist, wo das Evangelium recht verkündigt und die Sakramente stiftungsgemäß verwaltet werden, die ursprüngliche Lehre der Alten Kirche wieder zum Leuchten zu bringen.[98] Die eine und heilige, katholische und apostolische Kirche wird in dieser Konzentration auf rechte Verkündigung und stiftungsgemäße Darreichung der Sakramente in dem reformatorischen Glauben wahrhaft verwirklicht – das war die feste Überzeugung der Reformatoren. Die Einsichten der Alten Kirche, in ihren Bekenntnissen und den Schriften der Kirchenväter hinreichend dargelegt, werden aus der Babylonischen Gefangenschaft der Kirche im Römischen Katholizismus wieder freigelegt. Hierarchische Organisation und päpstliches Lehramt sowie andere Bestimmungen der Kirche, wie sie sich in den Konfessionen entwickelt haben, sind möglich und anerkennenswert, für das Wesen der Kirche aber nicht konstitutiv.

Mir geht es hier nicht darum, die Erkenntnisse der Lehre von der Kirche im Protestantismus in der Summe darzustellen. Ich möchte lediglich zeigen, wie und wodurch das Verständnis von der Rolle der Kirche im gesellschaftlichen Diskurs sowie im Verfassungsstaat in den protestantischen Beschreibungen der Kirche grundgelegt ist. Das verdeutliche ich anhand der Ausführungen von drei sehr unterschiedlich geprägten systematischen Theologen, die bis heute schulbildend wirken und somit alles andere als randständige Positionen vertreten.

---

98 Vgl. Augsburger Bekenntnis VII, in: Die Bekenntnisschriften der Evangelisch-Lutherischen Kirche, Göttingen 1976, S. 61 Für das Wesen der Kirche bleibt nach Überzeugung der Reformatoren ausreichend, sie zu bestimmen als die »Gemeinschaft der Heiligen, bei denen das Evangelium recht verkündigt wird und die Sakramente recht dargereicht werden«.

Mit der Denkschrift »Evangelische Kirche und freiheitliche Demokratie« hat sich die EKD mit ihren Gliedkirchen im Jahre 1985 erkennbar selbst in die Pflicht genommen. Sie hat nach einem langen Weg, den der Protestantismus seit dem 16. Jahrhundert in der Bestimmung seines Verhältnisses zum Staat und seinen Institutionen gegangen ist, in großer Entschiedenheit den demokratischen Verfassungsstaat als unbedingt zustimmungswürdig auch aus evangelischem Verständnis heraus beschrieben. Der demokratische Verfassungsstaat, zu dem man sich als Evangelische Kirche nur anerkennend und respektvoll verhalten kann, sei als anspruchsvolle und das Gemeinwohl fördernde politische Organisationsform des Staates unbedingt zu schützen, weil er die Rechte der Bürger, die Form der Mitbestimmung und Teilhabe, die Notwendigkeit, zum Ausgleich von Interessen zu kommen, und die Realisierung des Rechtes in allen Bereichen der Gesellschaft bestmöglich beachtet. Insofern sei die demokratische Verfasstheit der Bundesrepublik Deutschland unbedingt zu schützen und zu pflegen.

In den Anforderungen »an uns selbst« formuliert die Denkschrift des Rates der EKD auch noch die Grundlagen der Unterstützung des demokratisch organisierten Verfassungsstaates durch die evangelischen Christenmenschen und die EKD: »Die Lebendigkeit der Demokratie beruht auf der offenen Diskussion und Auseinandersetzung über strittige Fragen. Sie bedarf auch eines tragenden Grundkonsenses. Zu beidem haben Christen und Kirchen einen Beitrag zu leisten.«[99] In den gewählten und politisch zuständigen Gremien und Institutionen, die für die Umsetzung von Grundsatzentscheidungen zuständig sind, sollten nach Meinung des Rates der EKD die notwendigen Entscheidungen getroffen werden, in die die Kirche nicht kommentierend eingreifen sollte – ihr Geschäft ist nicht die Tagespolitik. Wörtlich fährt die Denkschrift fort: »Die Kirche soll in den großen Entscheidungsfragen der Gesellschaft nach Möglichkeit klare und eindeutige Orientierungspunkte angeben. Wo es jedoch nur um geeignete Wege geht, sollte die Autorität des geistlichen Amtes nicht zu einem Instrument eines politischen Willens gemacht werden.«[100]

In dem Wort des Rates der EKD von 2025 unter dem Titel »Christliche Perspektiven für unser gesellschaftliches und politisches Miteinander« plädiert der Rat auf diesem Hintergrund seiner Mitverantwortlichkeit für einen angstfreien und offenen Diskurs und deshalb dafür, dass man den Mut zum offenen Wort in komplexen Debatten haben soll und dabei seine »eigenen Überzeugungen niemals so vortrage wolle, als seien sie die einzig wahren und richti-

[99] Evangelische Kirche und freiheitliche Demokratie, 45.

[100] Evangelische Kirche und freiheitliche Demokratie, 46.

gen«.[101] Damit setzt der Rat der EKD Maßstäbe für andere und für sich selbst, an denen er gemessen werden will und andere messen möchte.

Drei gewichtige Stimmen aus dem Protestantismus sollen an dieser Stelle zu Gehör gebracht werden, die prominent und mit großem Einfluss die Aufgabe und Rolle der Kirche in Staat und Gesellschaft im Geiste des Protestantismus beschrieben haben.

Der systematische Theologe Wilfried Härle hat im Jahre 2000 eine evangelische Dogmatik vorgelegt, die sich dem Anspruch stellt, alle Strömungen und konfessionellen Bestimmtheiten des Protestantismus aufzunehmen und sie in eine moderne systematische Darstellung des christlichen Glaubens zu fassen, wie er sich aus den Bekenntnissen der Kirche und den Zeugnissen des Neuen Testamentes unter Bedingungen der Moderne formulieren lässt. Insbesondere die reformierte Tradition wie auch die freikirchliche Tradition, aus dem Schoße der Reformation gekrochen, will Härle in seine Darstellung aufnehmen und in ein gemeinsames protestantisches Bild integrieren.

Kirchen dienen nach Härle nicht ihrem eigenen Zweck und ihrer Selbsterhaltung. Sie haben darin wirksam zu sein, dass sie in die konkreten gesellschaftlichen Bedingungen die Kraft des Glaubens und Gottvertrauens sowie die befreiende Botschaft des Evangeliums von der Gnade Gottes im Christusgeschehen einbringen.

»Ihrem Ursprung nach verdankt sich die Kirche nicht dem Entschluss der Menschen, die ihr angehören, sondern dem Evangelium von Jesus Christus, das durch die Wortverkündigung und die Feier der Sakramente bezeugt wird und – durch das Wirken des Heiligen Geistes – Menschen beruft, erleuchtet und versammelt.«[102] In diesem Sinne ist und bleibt die Kirche – nach einem Wort von Martin Luther – ein »Geschöpf des Evangeliums«.[103] Deshalb, so fügt Härle hinzu, »verfügt die Kirche nicht über das Evangelium, sondern lebt davon, daß es ihr zuteil wird«.[104] Weil es ein Geschehen bleibt, in dem die Kirche sich durch das Evangelium in Anspruch nehmen und inspirieren lässt, muss in der Formel von der Kirche als der Gemeinschaft der Glaubenden »stets das prozeßhafte, dynamische Element mitgedacht werden, das dem Glauben als einer Lebensbewegung zu eigen ist«.[105] Glaubende in diesem Sinne sind für Härle Menschen,

---

[101] Wort des Rates der EKD von März 2025, Christliche Perspektiven für unser gesellschaftliches und politisches Miteinander, vgl. https://www.ekd.de/ekd_de/ds_doc/wort_des_rates_demokratie_2025_bf.pdf.

[102] Wilfried Härle, Dogmatik, 570.

[103] So Luther, WA 2, 430,6 f.: »Ecclesia enim creatura est Euangelii« – die Kirche ist also ein Geschöpf des Evangeliums (dt.).

[104] Härle, Dogmatik, 570.

[105] Härle, Dogmatik, 571.

die »von der Sehnsucht nach erfülltem Leben« bewegt werden, »Menschen, die nach Gott suchen und fragen«.[106]

Die Kirche im recht verstandenen Sinne ist weder ein Interessenverband noch die Gemeinschaft der verfassten Körperschaften, die die sichtbare Kirche bilden, sondern die »hoffende Ausrichtung auf den einen Gott verbindet die Christen miteinander und konstituiert so die Kirche«.[107] Insofern unterscheidet Härle in der Aufnahme einer Begriffsklärung von Martin Luther zwischen der »nicht-abgrenzbaren Kirche«, in der die Gemeinschaft der Getauften und auf Gott hoffenden Menschen versammelt ist, und der Kirche als Organisation und Institution.[108]

Der wichtigste Zweck der institutionell verfassten Kirche besteht für Härle darin, alle Orte zu nutzen und zu gestalten, die möglich und gegeben sind, Menschen die Begegnung mit dem und die Berührung durch das Evangelium zu ermöglichen; in der Gewissheit, »dass dieses Evangelium heilsame Botschaft für alle Menschen ist«.[109] Darin sorgt sie mit Recht für die Erhaltung der Gemeinschaft der Glaubenden im oben beschriebenen Sinne nach innen und nach außen. Nur dann, wenn die Kirche als konkrete Institution zum Selbstzweck wird, behindert die Kirche ihren Auftrag entscheidend und nachhaltig.

Der Öffentlichkeitsauftrag der Kirche beziehe sich nach protestantischer Überzeugung auf die getauften Christenmenschen, die Kirchenmitglieder sind, und auf die getauften Christenmenschen, die aus der Kirche ausgetreten sind – sowie auf alle Menschen guten Willens in ihren Lebensbezügen.

Der Öffentlichkeitsauftrag der verfassten Kirche beinhaltet zugleich für Härle, seine sinnvolle Begrenzung anzuerkennen. Das bedeutet für Härle, dass die Kirche das Recht des Staates anerkennt und keine Tagespolitik betreibt. Diese Begrenzung gehört in Gestalt einer recht verstandenen Zwei-Reiche-Lehre »zum festen Lehrbestand der evangelischen Kirche«.[110]

»Demzufolge gibt es aus der Sicht des christlichen Glaubens sehr wohl eine Eigengesetzlichkeit des politischen Bereichs gegenüber der Kirche«, aber keine Eigengesetzlichkeit des politischen Bereichs gegenüber dem Willen Gottes. Das politische Mandat dient zwar nach evangelischem Verständnis nicht unmittelbar »dem Heil, sondern nur der Erhaltung der Welt durch die Schaffung von Strukturen, in denen Leben geschützt wird und sich entwickeln kann«.[111] Achtet nun aber der Staat seine Grenzen nicht und greift im totalitär zu verstehenden Sinne auf die Gewissen seiner Bürger zu, hat die Kirche das Recht zu interve-

106 Ebd.

107 Ebd.

108 Ebd.

109 A. a. O., 577.

110 A. a. O., 580.

111 A. a. O., 581.

nieren aus dem Geist des Evangeliums. »Achtet die Kirche ihre Begrenzung nicht, so wird sie tendenziell zu einer schwärmerischen Institution, die den politischen Auftrag der Bewahrung der Welt zerstört oder verächtlich macht.«[112]

Insofern hat die Kirche aus dem inneren Kern des christlichen Glaubens heraus den Auftrag des Staates, für ein gerechtes und friedliches Leben Sorge zu tragen sowie die Eigengesetzlichkeit des Politischen im demokratisch sich organisierenden Rechtsstaat »zu respektieren und seine Wahrnehmung zu bejahen«.[113] Diese Bejahung findet ihre Grenze aus dem Geist des Evangeliums nur dort, wo die »Inhaber politischer Macht zur Sünde auffordern«[114] oder nicht mehr erkennbar »der Eindämmung des Bösen und der Entfaltung des Lebens dienen«.[115]

Wenn die Kirche aber das politische Mandat grundsätzlich verächtlich macht oder notwendige Kompromisse stets und überall verdächtigt, überschreitet sie ihr politisches Mandat.

Aus dem beschriebenen Öffentlichkeitsauftrag der Kirche, Orte und Gelegenheiten zu nutzen und sich dazu rufen zu lassen, Menschen mit dem Evangelium in Verbindung zu bringen, ist es »aus theologischen Gründen *geboten* (Kursivdruck des Verfassers), bestehende Möglichkeiten der Evangeliumsverkündigung in Anspruch zu nehmen«.[116]

Härle plädiert vehement dafür, den Begriff und das Bild der Volkskirche zu halten und positiv zu besetzen – als eine Kirche, die »Einfluss- und Gestaltungsmöglichkeiten in der demokratisch verfassten Gesellschaft« wahrnimmt, die innerkirchlichen Pluralismus will und fördert und ihr Mitgliedverständnis an die Taufe bindet.[117] Die Kirche ist nicht darin Volkskirche, »dass die Mehrheit der Gesellschaft der Kirche angehört«, sondern vor allem in ihrer Haltung, in der sie sich um das Gemeinwohl müht; mit Härles Worten ist die Kirche Volkskirche »einerseits: wie die Kirche sich selbst versteht und darstellt« – nämlich als

---

112 Ebd. Es kann hier nur darauf hingewiesen werden, dass Härle in der Verwurzelung seiner Dogmatik in der überlieferten lutherischen Zwei-Reiche-Lehre – bei aller Anerkennung der Eigengesetzlichkeit des Politischen – der Kirche noch ein »ethisches Mandat« in politischen Angelegenheiten belässt. Das besteht darin, den Staat »daran zu messen, ob und inwieweit« er der »Schaffung von Recht und Frieden und so der Eindämmung des Bösen und der Entfaltung des Lebens dient«. Härle bezeichnet diese Aufgabe als »kritische Funktion« in der Begleitung des Staates durch die Kirche.

113 Härle, Dogmatik, 582.

114 Ebd.

115 Ebd.

116 A. a. O., 598.

117 A. a. O., 596.

Unterstützerin des Gemeinwohls – und »andererseits: wie sie in Staat und Gesellschaft angenommen wird«.[118]

Der große Münchner Theologe Wolfhart Pannenberg hat sich in seinem Gesamtwerk mehrfach mit dem öffentlichen Auftrag und der politisch-gesellschaftlichen Rolle der Kirche befasst. Auch für ihn ist das Verständnis der Kirche im Sinne der reformatorischen Bekenntnisse dadurch wesentlich mitbestimmt, dass die Kirche aus ihrem Selbstverständnis heraus auf Öffentlichkeit hin orientiert ist und ihren öffentlichen Auftrag reflektieren und seriös wahrnehmen muss. Das seriös und gründlich zu durchdenken, darin liegt die unterstützende Aufgabe der Systematischen Theologie.

Wolfhart Pannenbergs Systematische Theologie ist dabei konfessionsbestimmt lutherisch und darauf ausgelegt, das lutherische Verständnis der Kirche als ökumenisch anschlussfähig zu erweisen, insbesondere bezogen auf den römischen Katholizismus. Für den in zahlreichen und prominenten Bereichen des ökumenischen Dialogs sowie der ökumenischen Bewegung tätigen Pannenberg – vom Ökumenischen Rat der Kirchen bis hin zum lutherisch-katholischen Dialog reichte sein Wirkungskreis – war die ökumenische Anschlussfähigkeit des lutherischen Kirchenverständnisses nicht nur Beiwerk, sondern essentieller Teil einer verantwortlichen und modernen Lehre von der Kirche im Sinne eines öffentlich wirksamen Protestantismus.

In seinem Frühwerk nimmt Pannenberg die Leitfrage in den Blick, »wozu die Kirche als Institution überhaupt nötig ist«[119]. Er will bei seinem Nachdenken über die Kirche nicht kirchensoziologisch ansetzen, die gegebene Institutionalität der Kirche analysieren. Sondern es gilt für ihn, aus lutherischer Perspektive deutlich zu machen, dass die Kirche einem ihr vorgeordneten und zugeordneten Zweck dient – nämlich der Verkündigung des Reiches Gottes, von dem Jesus Christus gepredigt hat und das durch ihn sichtbar geworden ist. »Das Reich Gottes ist historisch wie sachlich der Zweck von so etwas wie Kirche«.[120] In der Aufnahme einer Wendung von Rudolf Bultmann ist für den frühen Pannenberg die Kirche in ihrem Wesen als »eschatologische Gemeinde« zu beschreiben; ihr eschatologischer Charakter gründet im Auftreten und der Verkündigung Jesu vom nahen Reich Gottes, durch dessen Heraufführung Gott seine Macht und Gerechtigkeit erweisen wird.

In der Verkündigung Jesu vom Reiche Gottes geht es nach Pannenberg um die Aufrichtung des Gottesrechtes in und für die ganze Menschheit. Das Gottesrecht ist dabei für Pannenberg gegenüber dem Naturrecht oder den Menschenrechten die höchste Realisierung des Rechtes durch die Liebe. Denn erst die Liebe entdeckt »im besonderen Fall die Gesichtspunkte, die zur Neufor-

---

118 A. a. O., 597.

119 Vgl. Pannenberg, Thesen, 9.

120 Pannenberg, Thesen, 9.

mulierung von Bedingungen menschlicher Gemeinschaft überhaupt führen können«.[121] In der Verkündigung Jesu vom Reich Gottes wird das Gottesrecht zeichenhaft vor allen Völkern offenbar; Jesus Christus ist das Zeichen des heraufziehenden Gottesrechts im Angesicht aller Völker. Durch seine Verkündigung der definitiven Wahrheit des Rechtes Gottes als Liebe hat Jesus als der Messias den Vorschein der Gottesherrschaft kenntlich gemacht – als Aufhebung des Gegensatzes zwischen Herrschenden und Beherrschten[122], ja als Aufhebung von Herrschaft überhaupt.

Wie in Jesu Wirken die Gottesherrschaft schon anbricht und in ihrer göttlichen Verwirklichung schon antizipativ, d.h. im Vorblick, erkennbar und zu ahnen ist, so besteht die besondere Bestimmung der Kirche in ihrer Partizipation an der messianischen Wirksamkeit Jesu. Die Kirche repräsentiert darin die Bestimmung der Menschheit, indem sie auf die Aufrichtung des Gottesrechtes hinweist und ihre Verkündigung sowie ihr Handeln gänzlich darauf konzentriert. Diese Denkfigur ist für Pannenbergs Theologie grundlegend: »Die Kirche ist in der Nachfolge ihres Herrn«, in dessen Geschichte sich das Eschaton, die Bestimmung der Menschheitsgeschichte, vorwegereignet, »dazu bestimmt, Zeichen und Werkzeug des Reiches Gottes zu sein«.[123]

Auf diesem Hintergrund entfaltet Pannenberg nun die Verhältnisbestimmung von Kirche und Gesellschaft. Indem die Kirche die Bestimmung der Menschheit zur Gemeinschaft in Freiheit und Gerechtigkeit vorwegnehmend repräsentiert, ist sie unbedingt auf das Gemeinwohl der Menschen bezogen, das zu fördern auch die Aufgabe der Politik ist. Indem der moderne Verfassungsstaat das großartige Wagnis eingeht, von Natur ungleiche und nicht in gleicher Weise freie Individuen anzusprechen und an der Entwicklung von Freiheit und Gerechtigkeit mitwirken zu lassen, weist die Demokratie westlicher Prägung auf ihre christlichen Wurzeln hin. »Indem die Kirche die Individuen religiös ihres im gesellschaftlichen Leben nie schon unzweideutig realisierten Heils versichert, befähigt sie sie, sich dem Wohle anderer ... zu widmen. Daher ist gerade das spezifisch religiöse und gottesdienstliche Leben der Kirche ihr bedeutendster Beitrag für die Gesellschaft.«[124] Damit verbunden lehnt Pannenberg eine Ethisierung der Bestimmung der Kirche als Zeichen der zukünftigen Einheit der Menschheit ab; vielmehr sei ihr Beitrag zur Entwicklung der Gesellschaft dezidiert ein religiöser – die Gründung der auf Gerechtigkeit und Freiheit hin angelegten Einheit der Menschheit in der religiösen Einheit mit Gott »als Basis des gesellschaftlichen Zusammenlebens«. Das sei weltweit wichtig – man solle

[121] A. a. O., 15.

[122] Ebd.

[123] Gunther Wenz, Vorschein des Künftigen, in: Ders., Kirche und Reich Gottes. Zur Ekklesiologie Wolfhart Pannenbergs. Pannenberg-Studien 3, Göttingen 2017, 47.

[124] Pannenberg, Thesen, 20.

sich durch den Rückgang des religiösen Lebens in Mitteleuropa nicht täuschen lassen; weltweit gesehen sei das Christentum im Wachsen; und weltweit werde seine religiöse Kompetenz und seien seine religiösen Vollzüge dringend gebraucht im Sinne der Stärkung des Bewusstseins für die Einheit der Menschheit.[125] Wenn die Kirche ihre gesellschaftliche Rolle moralisierend wahrnimmt, wird sie schnell marginalisiert und ohne wirklichen Einfluss auf die Zivilgesellschaft bleiben.

Der langjährige Ratsvorsitzende der EKD, Bischof Wolfgang Huber, hat unter dem Titel »Kirche in der Zeitenwende« ebenfalls seine Gedanken zur gesellschaftlichen Aufgabe und Rolle der Evangelischen Kirche im Verfassungsstaat Bundesrepublik Deutschland vorgelegt. Nach einer ausführlichen Darlegung der durchschlagenden Veränderungen in der Bundesrepublik geht es Wolfgang Huber dabei um eine »Neubestimmung des Ortes der Kirche in der Gesellschaft«.[126] Das ist deshalb unausweichlich, weil sich die bundesdeutsche Gesellschaft seit den siebziger Jahren des letzten Jahrhunderts enorm verändert hat. Die Anerkennung von Großorganisationen und überlieferten Institutionen ist seitdem enorm rückläufig in der Gesellschaft; eine noch immer weiter voranschreitende Individualisierung der Lebensentwürfe der Menschen sowie die fortschreitende Säkularisierung sind nach Huber ebenfalls zu nennen als Grund für den enormen Mitglieder- und Bedeutungsverlust der Kirchen. Auf diesem Hintergrund ist die Evangelische Kirche einen Weg von einer eher staatsanalogen Institution zu einer intermediären Institution gegangen. Dieser Weg muss für die Lebensäußerungen der Kirche und ihr Selbstverständnis zu Ende gedacht werden. »Die staatsanaloge Vorstellung von der Volkskirche fügt ... der Aufgabe, Kirche für das Volk zu sein, je länger desto deutlicher schweren Schaden zu.«[127]

Huber beschreibt die neue Aufgabe der Evangelischen Kirche im Verfassungsstaat dagegen eher als vermittelnde Aufgabe zwischen sehr unterschiedlichen Bereichen der Zivilgesellschaft – und nennt die Kirche eine intermediäre Institution. Dafür muss sie unbedingt ihren Charakter als bergende Gemeinschaft wahren und weiterentwickeln und darf darin nicht unerkennbar werden durch zu große Einheiten und undurchschaubare Gemeinschaftsstrukturen.

In der Zivilgesellschaft hat sie als transmediäre und zugleich intermediäre Institution eine Bildungsaufgabe an jeder öffentlichen Schule und sollte Bildungserlebnisse fördern und gestalten, auch in öffentlichen, nicht kirchlich gebundenen Schulen. Sie hält die Gottesfrage und den Glauben im Spiel – für jeden einzelnen. Zum zweiten hat sie politische Verantwortung für den offenen Diskurs in der Gesellschaft; dafür darf sie sich nicht wie einst im feudalistisch

125 Pannenberg, Systematische Theologie III, 61.

126 Huber, Zeitenwende, 39.

127 A. a. O., 269.

organisierten Staat »im Gegenüber zum Staat« verstehen. »Politische Verantwortung in der Demokratie unterscheidet sich von dem Wächteramt gegenüber einem Staatswesen, das die Anerkennung elementarer Menschenrechte und den Zugang zu politischer Mitwirkung verweigert.«[128] Drittens bestimmt sich die politische Aufgabe der Evangelischen Kirche nach Huber darin, dass die Kirche nicht selbst Politik im Sinne der Tagespolitik macht, sondern politische Entscheidungen dadurch ermöglicht, dass sie offene Debatten anregt, selbst führt und ihnen nicht ausweicht. »Die Kirchen stärken den gesellschaftlichen Konsens nicht auf dem Weg, dass sie Konflikten ausweichen, sondern indem sie Konflikte benennen.«[129] Weil die Kirche in vielen gesellschaftlichen Bereichen aktiv ist und Erfahrung hat, ist diese intermediäre, vermittelnde Rolle der Kirche unbedingt gefragt und nötig. Wenn sich die Kirche dieser Rolle entzieht, wird sie sich selbst weiter marginalisieren und ohne Einfluss bleiben. Wer außer den Kirchen kann in sozialen und politisch brisanten Fragen eine solch vermittelnde Rolle in der Gesellschaft und im Verfassungsstaat spielen?

Schließlich ist die Kirche darauf gewiesen, den Armen und Schwachen eine Stimme zu geben sowie wirksame und heilsame diakonische Arbeit zu leisten.

Was zeigt der Seitenblick auf einflussreiche Veröffentlichungen im Bereich der protestantischen Lehre von der Kirche für die hier geführte Debatte?

Das Selbstverständnis der aus dem Protestantismus gewachsenen Kirchen ist bleibend auf Öffentlichkeit angelegt. Der moderne Verfassungsstaat ist in seiner Herkunft und Entwicklung in Deutschland so eng mit dem Protestantismus verwoben, dass es sich schon von daher beinahe von selbst versteht, dass die Evangelische Kirche eine öffentliche Rolle in Staat und Gesellschaft einnimmt.

Die entscheidende Bedeutung des Protestantismus für eine säkulare und ausdifferenzierte Gesellschaft liegt in der Spiritualität, den religiösen Vollzügen und der Verkündigung von der Gottesherrschaft in der Nachfolge Jesu von Nazareth. Darin entfaltet sich ein Horizont, der auch für den modernen Verfassungsstaat unverzichtbar ist.

Die Evangelische Kirche kümmert sich um die Förderung des Gemeinwohls und den Zusammenhalt in der Gesellschaft und nimmt darin eine vermittelnde Rolle ein. Sie fürchtet sich nicht vor schwierigen Debatten und die Gesellschaft fordernden Konflikten, sondern bemüht sich aktiv darum, dass diese Debatten geführt werden.

Die Evangelische Kirche betreibt nicht Tagespolitik, sondern konzentriert sich auf Orientierungen für grundsätzliche und zukunftsweisende Debatten.

---

128 A. a. O., 305.

129 A. a. O., 309.

Die christliche Theologie und der christliche Glaube – besonders in protestantischer Prägung – stellen für das politische Engagement und die gesellschaftlichen Debatten um Frieden, Gerechtigkeit und die Bewahrung der Schöpfung wichtige Unterscheidungen bereit, insbesondere die Unterscheidung zwischen dem Reich Gottes und der Verwirklichung von Recht und Gerechtigkeit unter den Bedingungen der Endlichkeit und Fehlbarkeit des Menschen. Schon allein diese wichtige Unterscheidung führt zur Anerkenntnis unterschiedlicher Konzepte und Positionen im Streit um den rechten Weg im politischen Diskurs, bewahrt vor illusionären Forderungen an die politischen Entscheidungsträger und fördert die gesellschaftlichen Kräfte, die zu Kompromissen und zur Aussöhnung sehr unterschiedlicher Interessen und Meinungen führen.[130]

Die Evangelische Kirche moralisiert nicht und schließt auch Minderheitenmeinungen nicht aus.

Ein prophetisches Wächteramt kennt der Protestantismus dann, wenn Absolutheitsansprüche im politischen Diskurs und im gesellschaftlichen Leben geltend gemacht werden und die Gewissen der Menschen gelenkt und belastet werden sollen. In solchen Zeiten tritt die Kirche und der Christenmensch unerschrocken für die äußere und innere Freiheit ein.

Eine Rolle und Aufgabe als entschiedene und unerschrockene Mahnerin erwächst der Kirche nur dort, wo der Staat totalitär wird und die Gewissensfreiheit seiner Bürger und Bürgerinnen massiv missachtet und verletzt.

---

130 Vgl. Thomas, Günter: Gerechtigkeit, Frieden und Bewahrung der Schöpfung, 58.

Kapitel III
Das Modell des Öffentlichen Protestantismus – der Entwurf von Reiner Anselm und Christian Albrecht

Öffentlicher Protestantismus[131] bezeichnet eine genuine Dimension des Protestantismus. Dabei handelt es sich weder um ein allumfassendes theologisches Konzept noch um eine spezielle Spielart oder Sozialgestalt dieser Glaubensrichtung. Vielmehr geht es darum, die zentralen Überzeugungen des evangelischen Glaubens im Verhältnis zum politischen Bereich zu vertreten und insbesondere die Frage nach dem gesellschaftlich Verbindenden in den Blick zu nehmen.

Das Konzept des Öffentlichen Protestantismus verdeutlicht die Hintergründe unserer Gedanken in diesem Buch. Dabei treten drei zentrale Aspekte besonders hervor: Erstens zeichnet sich der Öffentliche Protestantismus durch einen bewussten Verzicht auf Absolutheitsansprüche aus - sowohl im politischen und gesellschaftlichen Diskurs als auch in theologischen Aussagen. Zweitens engagiert er sich für das Verbindende innerhalb der Gesellschaft und setzt sich somit für eine freiheitliche Gemeinschaft ein, in der unterschiedliche Lebensentwürfe nebeneinander bestehen können. Drittens erfolgt eine theologische Begründung dieser Anliegen, die sich am Nizänischen Glaubensbekenntnis orientiert und sich zugleich klar von einer bloßen Huldigung des säkularen Staates abgrenzt.

Als charakteristische Merkmale des Protestantismus betonen Christian Albrecht und Reiner Anselm, dass er sich selbst als Teil einer pluralen Öffentlichkeit versteht und sich der gesamten Gesellschaft verpflichtet fühlt, anstatt nur Einzelinteressen zu vertreten. Drei Dimensionen sind hierbei wesentlich: Zum einen, eine persönliche Überzeugung zu haben, zum anderen, sich kirchlich verpflichtet zu wissen, und schließlich, sich aktiv für das Gemeinwesen einzusetzen. Diese drei Kennzeichen sind untrennbar miteinander verbunden und prägen das Selbstverständnis des Protestantismus insgesamt. Je

---

[131] Vgl. zum Folgenden: Anselm und Albrecht, Öffentlicher Protestantismus. Albrecht und Anselm, Differenzierung und Integration. Körtner u. a., Konzepte und Räume Öffentlicher Theologie.

nach Kontext und Person können die einzelnen Merkmale unterschiedlich stark hervortreten, doch bleiben sie stets erkennbar und verleihen dem Protestantismus sein unverwechselbares Profil.

»Öffentlich« meint im Kontext des Öffentlichen Protestantismus nicht nur das traditionelle Bewusstsein für gesellschaftliche Verantwortung, sondern verweist auch auf dessen Orientierung am Gemeinwohl. Damit ist »eine Ausrichtung des Protestantismus auf gesellschaftlichen Zusammenhalt hin«[132] gemeint. Öffentlicher Protestantismus richtet den Blick gezielt auf die Grundlagen einer Gesellschaft, die es erst ermöglichen, dass Zusammenhalt entsteht und Bestand hat.

Das Konzept des Öffentlichen Protestantismus entwickelte sich aus der Erfahrung mit den aktiven Erscheinungsformen des Protestantismus in der Bundesrepublik Deutschland, insbesondere in der Zeit der »Bonner Republik«. Es ist somit kein theoretisches Konstrukt, sondern entstand aus der kirchlichen Praxis heraus und versteht sich nicht als ein Programm, das ein bestehendes dogmatisches Lehrgebäude wirkungsvoll entfalten möchte.

Zwei Voraussetzungen sind dabei grundlegend: Erstens die hohe Wertschätzung des Individuums, die von Beginn an ein zentrales Merkmal des Protestantismus war. Zweitens die Erkenntnis, dass in der Moderne allgemeingültige Wahrheiten nicht mehr durch religiöse Begründungen wie Offenbarung, Bibel, kirchliche Autoritäten oder durch ein Naturrecht abgesichert werden können.[133] Diese Instanzen haben ihre frühere Rolle als Garanten gesellschaftlicher Verbindlichkeit verloren.

In der heutigen Zeit entsteht gesellschaftliche Verbindlichkeit durch einen offenen, dialogischen Austausch und gemeinsames Ringen um Verständnis. Die Kirche hat damit ihre frühere Rolle als Verwalterin des gesellschaftlichen Konsenses verloren. Auch sind christliche Überzeugungen kein selbstverständlicher Bestandteil öffentlicher Debatten mehr. Wenn Kirche diese veränderten Rahmenbedingungen ignoriert, wird sie unweigerlich an den Rand der Gesellschaft gedrängt werden.

Für Akteure des Öffentlichen Protestantismus ergibt sich aus dem Verlust traditioneller kirchlicher Autorität jedoch keineswegs die Konsequenz, sich aus dem öffentlichen Raum zurückzuziehen. Das wäre ein Widerspruch in sich: Protestantismus und öffentliche Verantwortung sind untrennbar miteinander verbunden. Statt sich auf das vermeintlich rein Religiöse zurückzuziehen, bringt der Öffentliche Protestantismus gezielt diejenigen seiner »Überzeugungsressourcen« in die gesellschaftliche Debatte ein, die das Gemeinsame und Verbindende innerhalb der Gesellschaft stärken. Dabei verzichtet er konsequenterweise auf Absolutheitsansprüche, da diese aus einem Diskurs ausschließen

[132] Anselm und Albrecht, Öffentlicher Protestantismus, 7.

[133] A. a. O., 27.

und zur Marginalisierung führen würden. Zugleich spricht er denjenigen, die Gründe haben, andere Meinungen zu vertreten als die eigene, ihr Anderssein nicht ab, achtet also ihr Recht, ihre Individualität zum Ausdruck zu bringen.

Pluralität der Lebensformen ist ein zentrales Merkmal einer offenen, demokratischen Gesellschaft. Gerade aber die Vielfalt führt zwangsläufig zu Interessenskonflikten. Um Differenzen konstruktiv auszutragen, ist eine gemeinsame Vorstellung vom guten Zusammenleben unerlässlich. Der Öffentliche Protestantismus sieht seine Hauptaufgabe darin, diese geteilten Überzeugungen sichtbar zu machen, sie zu formulieren und im gesellschaftlichen Diskurs wachzuhalten – das Verbindende zu stärken. Darüber hinaus bringt er gezielt Vorschläge in öffentliche Debatten ein, um einen diskursiven und lösungsorientierten Austausch über das Zusammenleben zu fördern. Ziel ist es, eine Debattenkultur zu etablieren, die auch mit unauflöslichen Konflikten verantwortungsvoll umgeht, indem sie sich auf gemeinsam geteilte Grundüberzeugungen stützt.

Konsens ist in diesem Zusammenhang ein wichtiges Stichwort. Dabei bedeutet Konsens keineswegs die vollständige Übereinstimmung aller Ansichten, sondern vielmehr das Finden von Regelungen, die gesellschaftliche Konflikte befrieden und produktiv integrieren. Besonders wichtig ist es, auch jene Stimmen einzubeziehen, die sich am Rand des gesellschaftlichen, weltanschaulichen oder religiösen Spektrums befinden. Verschiedene Positionen werden akzeptiert, solange deren Vertreter bereit sind, die grundlegenden Prinzipien und Verfahren anzuerkennen, welche das Zusammenleben in einer freiheitlich-pluralistischen und an der Würde des Einzelnen orientierten Gesellschaft sichern.

Bei der Pflege des Verbindenden orientiert sich der Öffentliche Protestantismus am Nizänischen Glaubensbekenntnis. Aus dem Glauben an Gott als Schöpfer leitet sich die Verantwortung ab, die Welt als Schöpfung mit einer ihr eigenen Rationalität anzuerkennen, ihr also zuzugestehen, dass sie eigenen Logiken, eigenen Zielen und Zwängen folgt, die sich nicht aus anderen Bereichen wie der Moral oder der Theologie ableiten lassen. Es bedeutet auch, die Struktur der Welt nicht als Heilsordnung zu überhöhen und sich konsequenterweise von allen Absolutheitsansprüchen zu distanzieren. Vielmehr ist die Struktur der Welt als derjenige Rahmen zu begreifen, der den Ort markiert, in dem individuelle sowie kollektive Freiheit gelebt und gestaltet werden können. Aus dieser Überzeugung heraus betrachtet der Öffentliche Protestantismus es als zentrale Aufgabe, jeglicher Sakralisierung der Welt sowie einer religiösen Überhöhung gesellschaftlicher Entscheidungsprozesse und bestehender Strukturen entgegenzuwirken.

Der Glaube an Gott als Versöhner führt zu einer Verpflichtung, aktiv daran mitzuwirken, dass Freiheit innerhalb der Gemeinschaft möglich bleibt. Damit ist die Anerkennung von Gleichwertigkeit als Verschiedenheit gemeint: Gemeinschaft muss so gestaltet werden, dass sie die notwendige soziale Einbindung des Individuums ermöglicht.

Der Glaube an Gott als Erlöser setzt sich dafür ein, dass menschliches Leben zukunftsfähig bleibt und jeder Mensch die Möglichkeit erhält, den eigenen Lebensentwurf verfolgen zu können. Der Öffentliche Protestantismus wendet sich gegen die Tendenz, politische oder gesellschaftliche Veränderung als Heilsversprechen absolut zu setzen. Politisches Handeln bleibt stets vorläufig und unterliegt fortlaufender Veränderung und Entwicklung. Ebenso besitzen gesellschaftlich prägende Traditionen keine zeitlose Gültigkeit, sondern sind Ergebnisse historischer Prozesse, die gestaltet und weiterentwickelt werden können.

In seinem Wirken strebt der Öffentliche Protestantismus an, dass der Protestantismus nicht ausschließlich durch kirchliche Amtsträger repräsentiert wird, sondern ebenso von Laien getragen wird. Er sieht es als seine Aufgabe, kontinuierlich seine bestehenden Ausdrucksformen weiterzuentwickeln und neue zu entdecken.

Zu den traditionellen Formen zählen etwa der Gottesdienst, die Arbeit kirchlicher Akademien, die publizistische Tätigkeit der Kirchen, Großveranstaltungen wie der Kirchentag sowie das Engagement des Christentums im Bildungsbereich, beispielsweise in Schulen und Universitäten. Hinzu kommt die Seelsorge in Institutionen wie Krankenhäusern, bei der Bundeswehr oder innerhalb der Polizei.

In jüngerer Zeit sind weitere Ausdrucksformen hinzugekommen, wie die sozialpolitisch orientierte Diakonie, überkonfessionelle Kasualien nach Großkatastrophen oder spezifische protestantische Präsenz in Gesundheits- und Pflegekontexten – beispielsweise im Rahmen von »Spiritual Care«.

Es lässt sich klar erkennen, dass der öffentliche Protestantismus in enger Auseinandersetzung mit einer Spielart des Konzepts der sogenannten Öffentlichen Theologie[134] entstanden ist, die derzeit maßgeblich die öffentlichen Stellungnahmen und Äußerungen der Evangelischen Kirche in Deutschland prägt.[135] Diese Spielart ist im Folgenden gemeint, wenn von der Öffentlichen Theologie gesprochen wird.

---

[134] S. dazu Körtner u. a., Konzepte und Räume Öffentlicher Theologie. Bes. Meireis, Die Rückkehr des ›Prophetischen Wächteramts der Kirche‹? Vgl. auch Bedford-Strohm, Öffentliche Theologie und Kirche.

[135] Körtner, Für die Vernunft. Körtner plädiert dafür, sich nicht »vom Programm einer Öffentlichen Theologie zu distanzieren, sondern für ein anderes Verständnis derselben zu werben« (107). Er weist darauf hin, dass es »die« eine Öffentliche Theologie nicht gebe. Deshalb sollte der Begriff nicht einseitig besetzt und zum Synonym für eine EKD-Theologie mit quasi lehramtlichem Anspruch verkürzt werden. (108) Körtner will Öffentliche Theologie so verstehen, dass sie »ein gesellschaftlicher Lernort [ist], in dem

Wie exemplarisch in Kapitel 1 dargestellt, weist die Öffentliche Theologie spezifische Merkmale auf: Kirche, die sich ihr verpflichtet sieht, versteht sich als Anwältin der Menschenrechte und der Barmherzigkeit sowie als Hüterin der Moral. Dabei neigt sie dazu, eigene Positionen religiös zu überhöhen und sie dadurch als absolut darzustellen. So wird intendiert, dass diese Positionen nicht mehr hinterfragt werden und sich der gesellschaftlichen Diskussion entziehen.

Der Ansatz der Öffentlichen Theologie und des Öffentlichen Protestantismus beruht auf der gemeinsamen Überzeugung, dass der Protestantismus eine selbstverständliche, öffentliche Verantwortung trägt und sich aktiv in gesellschaftliche sowie politische Diskurse einbringt. Beide analysieren aktuelle ethische und politische Fragestellungen im Licht theologischer und religiöser Traditionen.

Während der Öffentliche Protestantismus seinen Ausgangspunkt vor allem in den Erfahrungen der jüngeren Zeit nimmt, entwickelt die Öffentliche Theologie ihre Perspektiven auf Basis eines dogmatischen Konzepts. Ein zentrales Fundament der Öffentlichen Theologie ist die Barmer Theologische Erklärung von 1934, die als Reaktion auf den Nationalsozialismus und die Theologie der Deutschen Christen entstand. Ziel der Öffentlichen Theologie ist es, dieses Programm unter den Bedingungen einer modernen, säkularen und pluralistischen Gesellschaft zu entfalten.

Besonders deutlich hebt die Öffentliche Theologie – uneingeschränkter als der Öffentliche Protestantismus – die Verpflichtung hervor, sich für gesellschaftliche Gruppen einzusetzen, die benachteiligt sind oder im öffentlichen Diskurs keine eigene Stimme haben. Sie versteht sich als Anwalt dieser Personen, wobei die Frage, ob ein ausdrückliches Mandat von ihnen vorliegt, weitgehend offenbleibt.

Von zentraler Bedeutung in diesem Zusammenhang ist das sogenannte Wächteramt der Kirche: Es verpflichtet die Kirche, gesellschaftliche Entwicklungen aufmerksam wahrzunehmen und kritisch zu begleiten. Dahinter steht die Annahme, dass sich aus dem Evangelium klare ethische Maßstäbe für politisches und gesellschaftliches Handeln ableiten lassen.

Der Öffentliche Protestantismus nimmt hierzu eine differenzierte Position ein. Er hält das Wächteramt – so wie es in der Öffentlichen Theologie verstanden wird – lediglich im historischen Kontext der Auseinandersetzung mit einer totalitären Ideologie für legitim. In freiheitlich-demokratischen Staaten hingegen besteht die Gefahr, dass ein solches Wächteramt dazu führt, politische

---

nun gerade theologische Grundfragen in ›einer ergebnisoffenen Diskursivität‹ im öffentlichen Raum neu durchdacht werden« (111). – Im Unterschied zu diesem Ansatz sei die von der EKD propagierte Spielart von Öffentlicher Theologie auf innerkirchlichen Konsens und eindeutige Positionalität in politischen Fragen ausgerichtet. Körtner, »Suchet der Stadt Bestes!«, Diakonie und Öffentliche Theologie in der Diaspora, 69.

Positionen mit religiöser Autorität aufzuladen und sie so der offenen gesellschaftlichen Debatte zu entziehen. Es droht, dass daraus scheinbar unangreifbare, also als alternativlos präsentierte Positionen hervorgehen. Nicht im Blick ist, dass die »Rede von einem ›Wächteramt der Kirche‹ […] unter demokratischen Bedingungen aufgrund der obrigkeitlichen und alarmistischen Konnotationen und der Gefahr einer Engführung des Kirchenbegriffs nicht unproblematisch«[136] ist. Aus Sicht des Öffentlichen Protestantismus schwächt diese Idee eines Wächteramts in einer demokratischen Gesellschaft die notwendige Bereitschaft zu Kompromissen und rückt damit auch den im Evangelium begründeten Auftrag zur Versöhnung in den Hintergrund. Ein »Wächteramt« der Kirchen besteht nach Auffassung des Öffentlichen Protestantismus darin, »als Hüter der Säkularität staatlicher Ordnungen zu agieren«[137].

[136] Meireis, Die Rückkehr des ›Prophetischen Wächteramts der Kirche‹?, 38. Vgl. auch Graf, Vom Munus Propheticum Christi Zum Prophetischen Wächteramt Der Kirche? Für Graf suggeriert das Bild vom Wächteramt »ethische Autorität und analytische Generalkompetenz, geschichtlichen Weitblick und praktische Überlegenheit« (97). Es verhindert, was kritische Theologie der Kirche leisten soll: »sie hält das Wissen präsent, daß kein Wahrheitsanspruch mit der Wahrheit selbst differenzlos identisch ist« (100).

[137] Albrecht und Anselm, Differenzierung und Integration, 69.

Kapitel IV
Handlungsfelder der Evangelischen Kirche in öffentlicher Verantwortung

1. Vorspann

In diesem nun folgenden Kapitel unseres Beitrages zur Rolle der Evangelischen Kirche in Staat und Gesellschaft stehen Berichte im Mittelpunkt. Aus eigener Erfahrung möchten wir konkrete und selbst erprobte Handlungs- und Wirkungsmöglichkeiten der Evangelischen Kirche im öffentlichen Raum beschreiben, die der Evangelischen Kirche in Deutschland ermöglicht und gegeben werden. Wenn die Evangelische Kirche ihre Rolle als Partnerin des Staates sowie zivilgesellschaftlicher Organisationen und Verbände erkennt und überzeugend wahrnimmt, erwachsen ihr neue Aufgaben im öffentlichen Leben in Kommunen und Städten – und zwar solche Aufgaben, bei denen sie ihre ursprünglichen Kompetenzen einbringen kann.

Neben den eindrücklichen Erfahrungen in der Bildungs- und Seelsorgearbeit in der Bundespolizei berichten wir von Projekten in der Zusammenarbeit mit ganz unterschiedlichen Institutionen, Verbänden und Initiativen auf der regionalen Ebene. Diese Projekte und Formate haben eines gemeinsam: Sie sind in der Region neu entstanden! Sie sind zugleich mehr oder weniger auf Initiative der Kirche entstanden sowie aus dem Wunsch heraus, das Wirken der Kirche nachhaltig gesellschaftlich zu vernetzen. Die hier beschriebenen Handlungsfelder sind dabei ohne Ausnahme aus dem genauen eigenen Zuhören der Kirche sowie aus dem gemeinsamen Nachdenken mit Vereinen und Verbänden hervorgegangen; sie haben immer die Perspektive des Gemeinwohls (des ›bonum commune‹) sowie des gesellschaftlichen Zusammenhaltes im Blick gehabt. Und die Projekte und Formate, die hier dargestellt werden, beschreiben alle ohne Ausnahme einen Entwicklungsgang, den sie jeweils für sich genommen haben, zum Teil nach kleinen Anfängen.

Der Begriff des ›Gemeinwohls‹ beschreibt dabei einen »verbindenden Rahmen, der ein freiheitsorientiertes Leben unter den Bedingungen der Pluralität erst ermöglicht« und damit verhindert, dass »die Modernisierung ihr destruktives Potential entfalten kann«, indem alle Subjekte nur ihr Einzelinteresse verfolgen.[138]

Der Begriff »Gesellschaftlicher Zusammenhalt« nimmt in den Blick, dass es Orte, Gelegenheiten und Formate geben darf und muss, in denen über die Grenze von Eigeninteressen hinweg für die Menschen einer Stadt oder Region, sogar Nation, verbindende Werte und Orientierungen dargestellt werden und zum Ausdruck kommen. Dafür braucht es aktive und initiativ tätige Menschen und Institutionen. An der Installation solcher Ereignisse und Formate ist das, was gesellschaftlicher Zusammenhalt meint, erkennbar.

Allen Berichten ist gemeinsam, dass sie das Handeln der Evangelischen Kirche vor dem Hintergrund der folgenden Grundhaltungen entwickeln, die dabei leitend sind:

- Die Anerkenntnis der Weltlichkeit der Welt und ihrer natürlichen Gegebenheiten
- Die Vermittlung und Aussöhnung sehr unterschiedlicher Interessen in der Gesellschaft zum Wohle des Ganzen als Aufgabe des Protestantismus
- Die Perspektive der Zukunftsfähigkeit des Zusammenlebens als Aufgabe für alle Verantwortlichen in Staat und Gesellschaft stark und bewusst zu machen[139] – bei gleichzeitiger Beachtung, dass die Fragen der gesellschaftlichen und politischen Entwicklung keine Heilsfragen sind.

Sie beschreiben zugleich, wie bei zurückgehender Annahme der traditionellen kirchlichen Angebote und Veranstaltungen Neues entsteht bzw. entstehen kann – und zugleich, wie kirchliche Initiativen, die das gesellschaftliche Ganze sowie das Gemeinwohl im Blick haben, von Institutionen und Verbänden sehr gerne angenommen und positiv rezipiert werden. Dabei haben wir die Erfahrung machen können, dass auf der Basis einer gemeinsamen Arbeit am Gemeinwohl und der Nachhaltigkeit im Umgang mit Mensch und Natur auch das kritische Potential, das der christliche Glaube und das christliche Bekenntnis angesichts von Fehlentwicklungen moderner Gesellschaften in sich tragen, eingebracht werden kann und aufmerksam gehört wird.

Darüber hinaus liegt den im Folgenden beschriebenen Initiativen und Handlungsfeldern der Evangelischen Kirche in regionaler Verantwortung die Einsicht zugrunde, dass die liberalen Demokratien in ihrer Stabilität darauf angewiesen sind, dass nicht nur die hochentwickelten individuellen Rechte der Bürgerinnen und Bürger im Blick von Staat und Gesellschaft sein müssen, sondern auch und vermehrt die gesellschaftlichen Zwischenebenen von Familie über das identifizierbare Gemeinwesen bis hin zu Verbänden und Vereinen. Denn die haben für die gesellschaftliche und persönliche Entwicklung der

---

138 Vg. Anselm/Albrecht, Öffentlicher Protestantismus, 7.

139 Siehe unten Kapitel V., S. 113 ff., hier 116 f.

Menschen eine beachtenswerte und unverwechselbare Bedeutung, indem sie Identifizierungen ermöglichen und bewahren.[140]

Die Beschreibung der Seelsorge- und Bildungstätigkeit der Evangelischen Kirche in der Bundespolizei nimmt die bemerkenswerten Gestaltungsmöglichkeiten in einem säkularen Kontext in den Blick, die der Evangelischen Kirche auf der Basis einer vertraglichen Regelung zwischen Staat und Kirche gegeben sind.

2. Die Förderung des Handwerks als herausgehobenes Beispiel des gesellschaftlichen Engagements der Kirche – eine Frage der Ehre

Im Rahmen meiner Antrittsbesuche bei den zivilgesellschaftlichen Organisationen und Initiativen gewährte mir auch die Kreishandwerkerschaft einen Termin.

Das organisierte Handwerk spielt im Bundesland Niedersachsen, ja bundesweit, mit Fug und Recht eine herausgehobene Rolle, vertritt es doch eine der tragenden Säulen unserer Gesellschaft – das mittelständische Unternehmertum und die handwerklichen Zünfte und Verbände. Die Verbindungen zwischen Handwerk und Christentum sind von Beginn der christlichen Gemeindebildung an bewährt und bedeutsam. Der Apostel Paulus hat sein Handwerk als Zeltmacher hochgehalten und auf die Unabhängigkeit, die ihm sein Handwerk als Apostel ermöglichte, verwiesen.[141] Das besondere Verhältnis der Kirche zum Handwerk kann anknüpfen an die Herkunft Jesu von Nazareth; der Beruf seines Vaters war der des Zimmermanns, er selbst hat als Erstgeborener diesen Beruf erlernt und entstammt einer Handwerkerfamilie. So ziert der im Holzhandwerk beschäftigte junge Jesus aus Nazareth einige Darstellungen aus dem Leben Jesu in den gotischen Kathedralen dieser Welt. Nicht zuletzt an dem Geburts- bzw. Weihnachtsportal der noch im Bau befindlichen Kirche ›La Sagrada Familia‹ in Barcelona sieht man eine Darstellung Jesu, in der er eifrig und geschickt einen Tisch fertigt. Erstmals in der Geschichte des Christentums hat der heilige Augustin systematisch grundgelegt, warum gerade das Handwerk von besonderer

[140] Der US-amerikanische Politikwissenschaftler Patrick J. Deneen hat in mehreren Studien herausgearbeitet, dass die liberalen Demokratien westlicher Prägung dann gefährdet sind, wenn sie sich nur auf die Garantie der Rechte des Einzelnen konzentrieren und dabei die Stärken der sogenannten »mittleren Ebene« – Verbände, Familien, Vereine, Initiativen – vernachlässigen. Vgl. Patrick J. Deneen, Why Liberalism Failed, New Haven 2018.

[141] Vgl. Apostelgeschichte 18,3 sowie 1. Thessalonicher-Brief 2,9.

Ehrbarkeit ist und die besondere Aufmerksamkeit der christlichen Gemeinden verdient.

Er prägte auch das Wort und das Wissen, dass der Segen »für das ehrbare Handwerk« zu den öffentlichen Aufgaben von christlichem Gottesdienst und kirchlichem Handeln gehört – und dass das Handwerk besondere Aufmerksamkeit der christlichen Amtsträger verdient. Die römisch-katholische Kirche wie der Protestantismus haben über Jahrhunderte auch durch Vereinsgründungen – z.B. das Kolpingwerk und die Kalandfamilien – dieser natürlichen Bezogenheit und Partnerschaft von Handwerk und christlichen Kirchen große Aufmerksamkeit geschenkt[142] in dem Wissen, dass die Handwerksbetriebe, familiär organisiert, bis heute Werten wie »Ehrbarkeit, sozialer Identität und Heimat« eine die Gesellschaft insgesamt tragende Bedeutung zumessen[143]

Meinem Wunsch nach einem Antrittsbesuch und nach einem ersten Austausch begegneten die Kreishandwerkerschaften in einer Mischung aus erfreutem wie neugierigem Erstaunen. Die Vorstände der Kreishandwerkerschaften konnten sich an einen solchen Besuch aus der Leitung der regionalen Kirche nicht erinnern. Der Vorstand in Schaumburg schilderte mir nach Jahren sogar einmal bei einem abendlichen Beisammensein bei einem Gläschen Wein, dass die Irritation über die Gesprächsbitte von meiner Seite damals so groß gewesen sei, dass man sich vor dem Gespräch kurz darüber ausgetauscht habe, wer von ihnen möglicherweise besondere Sünden auf sich geladen habe, dass der Bischof nun kommen wolle, um nach dem Rechten zu sehen, oder wer in der vergangenen Zeit möglicherweise aus der Kirche ausgetreten sei, was der neue Bischof dann nun monieren wolle.

In dem ersten Gespräch bei meinen Antrittsbesuchen ging es um die Situation des Handwerks in der Region – und ich stellte die Frage nach möglicher Zusammenarbeit. Ich und meine ganze Kirche seien interessiert an Zusammenarbeit. Worin ich das Handwerk unterstützen könne – das sei meine Frage! Die Mitglieder des Vorstandes der Kreishandwerkerschaft waren so überrascht, ja geradezu erschrocken, dass sie mich in wünschenswerter Offenheit darum baten, Zeit zum Nachdenken angesichts dieser Frage bzw. dieses Angebotes zu haben; zur übernächsten Sitzung des Vorstandes würden sie mich einladen, um dann mit mir über meinen Wunsch ins Gespräch zu kommen.

---

[142] Vergleiche zur Geschichte ganz besonders Detlev Dormeier u. a., Arbeit in der Antike, im Judentum und Christentum. Münsteraner judaistische Studien 20, Berlin 2006 sowie Martin Broszat, Klaus-Dietmar Henke, Hans Walter, Von Stalingrad zur Währungsreform. Zur Sozialgeschichte des Umbruchs in Deutschland, München 1988. Grundlegend auch die Denkschrift aus der Kammer für öffentliche Verantwortung der EKD mit dem Titel Handwerk als Chance, Gütersloh 1997.

[143] Nipperdey, Geschichte, 214; so auch Broszat, Sozialgeschichte, 121.

Aus der für die organisierte Handwerkerschaft überraschenden Kontaktaufnahme und Gesprächsanbahnung von meiner Seite wurde eine über Jahre immer weiter wachsende, sich verzweigende und dadurch sich vertiefende, jedenfalls sehr verlässliche Zusammenarbeit zwischen dem Handwerk und der Landeskirche mit ihren Kirchengemeinden.

Wie sich diese Zusammenarbeit gestaltete und in welchen Bereichen die Kirche als Partnerin gesucht und in Anspruch genommen wurde, das will ich an dieser Stelle in Grundzügen schildern, weil sich daran exemplarisch darstellen lässt, wie neu entstehende Formate der Zusammenarbeit zwischen gesellschaftlichen Gruppen, Interessen und Organisationen im öffentlichen Kontext auch der Kirche neue Aufgabenfelder und Aufmerksamkeit eröffnen. Im Übrigen haben neu erschlossene Felder der Zusammenarbeit unterschiedlicher Organisationen in der Gesellschaft auch Auswirkung auf das mögliche Miteinander im öffentlichen Raum – und inspirieren auch andere, es ebenfalls zu versuchen, zum Wohle aller über die eigenen Gruppeninteressen hinweg zusammenzuarbeiten.

Nur wenige Wochen nach der ersten Begegnung durfte ich ein zweites Mal in der Kreishandwerkerschaft zu Gast sein – im ehrwürdigen Haus der Handwerkerschaft zu Stadthagen! Ein Gast aus dem Landesverband der Handwerkerschaft in Hannover war ebenfalls zugegen. Man habe mein Angebot auf Unterstützung und meine Bitte um Zusammenarbeit gehört – und auch gerne vernommen. Zum einen wolle man mich darum bitten, dass ich oder ein Vertreter der Kirche zu den Freisprechungen nach der Gesellenprüfung, die jährlich an einem prominenten Ort in der Region feierlich begangen werden, verlässlich kommen und daran teilnehmen möge – und zu gegebener Zeit auch ein Grußwort zu sprechen bereit sei. Zu diesen Freisprechungen sei schon in der Vergangenheit immer der Bischof oder ein Vertreter der Kirche aus der Region eingeladen worden und häufig auch erschienen – man wolle hier nun Verlässlichkeit.

Zum zweiten würde man mich darum bitten, die vor langer Zeit einmal regelmäßig stattfindenden gemeinsamen Gilde- bzw. Handwerkertage – gemeinsam von Handwerk und Kirche organisiert – wieder zum Leben zu erwecken und in veränderter Form wieder einzuführen! Man wolle sie dabei zukünftig auch so gestalten, dass auch Handwerkerinnen und Handwerker der jüngeren Generation an diesen Treffen gerne teilnehmen würden.

Und drittens bat man mich darum, die aus ihrer Sicht mittlerweile verschüttete Kompetenz der Kirche, feierliche Momente auch außerhalb der kirchlichen Feste zu inszenieren, dafür zu nutzen, um die jungen Lehrlinge eines Jahrganges, die eine Lehre beginnen wollen, würdig und festlich zu begrüßen – und dafür nach angemessenen und guten Formaten zu suchen.

Meine engsten Mitarbeiterinnen und Mitarbeiter und ich verstanden diese Hinweise und Wünsche der Kreishandwerkerschaft als einen klaren Auftrag, selbst systematisch darüber nachzudenken, welche Kompetenzen wir einbringen könnten in eine verlässliche Zusammenarbeit mit der Handwerkerschaft und wie wir diesem Wunsch nach Unterstützung des Handwerkes in der Region und nach verlässlicher Zusammenarbeit entsprechen wollten. Dass wir dieses Angebot zur strategischen und vielfältigen Zusammenarbeit aufnehmen wollten, stand nicht in Frage, weil die Möglichkeit zur Mitgestaltung des gesellschaftlichen Lebens, die für den Protestantismus ein großes Anliegen ist, in der verlässlichen Zusammenarbeit mit Berufen und Berufsverbänden, die dem Gemeinwohl in besonderer Weise dienen, sichtbar und konkret werden konnte, wenn es uns denn gelingen sollte, mit unseren Kompetenzen die Handwerkerschaft langfristig zu gewinnen für eine stabile Zusammenarbeit zwischen Handwerk und Kirche.

Dass wir dieses Nachdenken gemeinsam mit anderen Verantwortlichen aus dem Bereich der Kirche, die im Landkreis zu den benachbarten Landeskirchen Hannover und Westfalen gehörten, angestellt haben, versteht sich von selbst, muss aber hier wohl kurz erwähnt werden. Folgende Formate in der Zusammenarbeit zwischen Handwerk und Kirche haben wir in den fünfzehn Jahren entwickelt.

2.1 Die Einschreibefeiern für junge Handwerkerinnen und Handwerker

»Ihr könnt doch feierlich oder nicht?« – diese Äußerung der Handwerkerschaft lockte uns dazu, uns unserer von anderen zugeschriebenen Kompetenzen bewusst zu werden und für einen gesellschaftlichen Bereich zur Anwendung zu bringen. Denn aufgrund meines Gesprächswunsches und der gleichzeitigen Bitte um einen freimütigen Diskurs brachte die Handwerkerschaft folgende Ideen und Anliegen für eine mögliche festliche Begrüßung aller Lehrlinge ins Gespräch. Im Landkreis gebe es in den letzten Jahren stabil rund 850–900 junge Menschen, die ein Handwerk erlernen wollen. Die kämen mit sehr unterschiedlicher Motivationslage; zu einem erklecklichen Teil kämen sie aus familiär handwerklich tätigen Kreisen, zum Teil aber auch ohne Vorstellung von dem Berufsleben eines familiär betriebenen Handwerkunternehmens. Einige kämen eher notgedrungen und würden das auch äußern; sie hätten lieber studiert oder wären zu einer Bank bzw. Sparkasse zur Ausbildung gegangen, hätten den gewünschten Platz aber nicht bekommen wegen ihres nicht ausreichenden Schulabschlusses. Rund ein Drittel der jungen Handwerker und Handwerkerinnen komme aus Familien mit Migrationserfahrungen und von der Religionszugehörigkeit gesehen aus muslimischen Kontexten. Für die feierliche Gestaltung ergaben die Äußerungen der Handwerkerschaft und das gemeinsame freimütige Gespräch folgende Zielsetzungen und mitlaufende Erwartungen:

- Die Einschreibefeier sollte an einem Samstagnachmittag stattfinden.
- Sie sollte mit einem Gottesdienst beginnen.
- In der auf den Gottesdienst folgenden Veranstaltung sollten sich alle Innungen anschließend vorstellen.
- Alle Lehrlinge sollten sich in eine schön gestaltete und zukünftig weiter zu führende Lehrlingsrolle eintragen.
- Es sollte eine feierliche und namentliche Begrüßung aller Lehrlinge geben.
- Familien und Freunde der Lehrlinge sollten mit eingeladen werden.
- Partnerinnen und Partner aus dem öffentlichen Leben wie der Politik, aus anderen Berufsverbänden, Berufsschulen etc. sollten mit eingeladen werden.

Für den Gottesdienst, so der Wunsch der Handwerkerschaft, möge gelten, dass er zeitlich verlässlich gestaltet sei, 40 Minuten nicht überschreite und von der thematischen Gestaltung den Bezug zum Anlass herstelle. Die Mitglieder des Vorstandes machten kein Hehl daraus, dass wir mit der gesamten Veranstaltung unter einem enormen Druck stehen würden in mehrfacher Hinsicht. Die Veranstaltung sei ein gänzlich neues Format. Man müsse viel Überzeugungsarbeit leisten - auch und nicht zuletzt bei den Handwerksbetrieben selbst. Auch könnten sie sich, so die Vorstandsmitglieder, aus ihrer Erfahrung an keinen Gottesdienst erinnern, der in Format und Zielsetzung je so gestaltet gewesen sei, dass er Jugendliche und andere der Kirche kritisch gegenüberstehende Personen überzeugt hätte. Auf meine Rückfrage, welche Erwartungen sie an einen Gottesdienst anlässlich eines solchen Ereignisses wie der Begrüßung aller Lehrlinge des Kreises noch hätten - außer der zeitlichen Selbstbeschränkung und der inhaltlichen Bezogenheit auf dieses Ereignis - fügten sie hinzu, mit Respekt und Empathie vorgetragen, »nicht so langweilig und belehrend wie sonst« solle er sein, der Gottesdienst anlässlich der Einschreibefeier. Und wir hätten, so fügten sie hinzu, nur einen Versuch; wenn dieser Gottesdienst nicht gelinge, hätten wir vermutlich keinen zweiten Versuch im darauffolgenden Jahr.

Die etwas ausführlichere Schilderung soll zeigen, wie sehr eine auf Öffentlichkeit hin sich ausrichtende Kirche oder Gemeinde sich ihrer eigenen Stärken und Beiträge für das gesellschaftliche Miteinander vergewissern muss, diese Stärken entfalten und trainieren muss und sich in der Gestaltung der Partnerschaft mit anderen gesellschaftlichen Gruppen und Verbänden mit Erwartungen und kritischer Evaluation ihrer eigenen Kompetenzen und Angebote befassen muss. Die erste Einschreibefeier mit den oben kurz beschriebenen Elementen wurde ein großer Erfolg - mit einer großen Energie in der Bewerbung dieser Veranstaltung im Vorfeld. Diese Energie mussten sowohl die Handwerkerschaft als auch die als Partnerin angefragte Kirche aufbringen. Was die

Beschreibung des Erfolges betrifft, will ich mich hier auf das gottesdienstliche Geschehen konzentrieren. Im Vorfeld des Gottesdienstes war wichtig festzuhalten, dass er als Bestandteil der gesamten Feierlichkeit frei ist; er war Teil des Programmes – aber die Begrüßung aller Teilnehmerinnen und Teilnehmer sowie Gäste erfolgte auf der Bühne, die vor der Kirche aufgebaut war – für die auf den Gottesdienst folgenden Programmpunkte. Meine Besuche bei der muslimischen und der jüdischen Gemeinde waren ein nächster wichtiger Schritt im Vorfeld der Veranstaltung; sie wurden ausdrücklich zur Veranstaltung eingeladen und um ein Grußwort gebeten – die gottesdienstliche, kultische Begehung war aber ausdrücklich christlich gestaltet. Eine weitere wichtige Klärung im Vorfeld betraf die musikalische Gestaltung – dazu wurden regelmäßig solche jugendlichen Musikgruppen aus der Region gewonnen, in denen auch junge Leute mitwirken, die in einem handwerklichen Beruf tätig sind – wie Spielmannszüge oder Bläsergruppen. Über die Jahre konnte es gelingen, dass am Gottesdienst dann auch immer junge Leute aktiv mitwirkten und sich thematisch einbrachten. Die Präsenz der muslimischen Jugendlichen war besonders auffällig – sie haben die besondere Feierlichkeit der Begrüßung in das Handwerk durch die kultische Feier besonders gewürdigt und das auch zum Ausdruck gebracht. Hier wurde deutlich, dass es ein ›Wir‹ und eine gemeinsame Aufgabe gibt, wenn man ein Handwerk lernt; und dieses ›Wir‹ verbindet diejenigen, die ein Handwerk erlernen, die Ausbilder, die Zünfte und die verschiedenen Berufe, die politisch Verantwortlichen sowie die Religionsgemeinschaften!

Zum Verlauf des Gottesdienstes gehörte das gemeinsame Choral-Singen und eine biblische Lesung, ein gemeinsames Psalmgebet in moderner Übertragung sowie ein Interview mit drei Lehrlingen aus unterschiedlichen Bereichen zu ihrem Blick auf diesen Tag sowie das Grußwort aus einer nichtchristlichen Gemeinde – dazu eine Ansprache zu einem Grundtext der biblischen Überlieferung und natürlich freies Gebet und Segen. Der Gottesdienst überschritt verlässlich niemals die Dauer von 40 Minuten und wurde als Bestandteil der Einschreibefeier als feierlichstes Format von den meisten Jugendlichen in ihren Rückmeldungen ausdrücklich gewürdigt.

Die politisch Verantwortlichen aus dem Landkreis sowie der Landespolitik nahmen verlässlich Teil an diesem jährlich gefeierten Ereignis. Natürlich war uns auch ein Grußwort aus dem Bereich der Politik – regional wie landespolitisch gesehen – wichtig. Die Innungen stellten sich vor, jeder Lehrling wurde namentlich willkommen geheißen in der Familie der Handwerkerschaft; und es wurde Gemeinschaft gepflegt bei einem bis in den Abend hineinreichenden geselligen Beisammensein.

Die Einheit von gottesdienstlicher Feier, Vorstellung der Zünfte, Begrüßung und Einschreibeakt der Lehrlinge, Feier der Familien, Präsenz der Politik und anderer gesellschaftlicher Verbände, die sich aus dem gemeinsamen Nachdenken von Handwerk und Kirche ergeben hat, wurde von allen Teilnehmenden empfunden und immer wieder gelobt.

2.2 Die Begegnungstage für Handwerker- und Unternehmerschaft

Neben der Inszenierung festlicher Momente und einem den Alltag heilsam ergänzenden Gottesdienst können wir Kirchenleute, so meinten wir selbst zu Beginn der strategischen Zusammenarbeit mit der Handwerkerschaft in der Region, auch Kompetenzen einbringen in den gesellschaftlichen Diskurs sowie in den freimütigen Austausch über gesellschaftliche Entwicklungen und unterschiedliche Interessen und über die zusammenführenden Aufgaben, also die Orientierung aller Interessen auf das Gemeinwohl.

So wurden die regelmäßig durchgeführten Handwerker- und Unternehmertage auf Schloss Bückeburg über die Jahre zu einer zweiten Säule der verlässlichen Zusammenarbeit von Handwerk und Kirche in der Region. In einer gemeinsamen Arbeitsgruppe mit Handwerk und Politik wurden diese Begegnungstage, zu denen jeweils mehrere Hundert Interessierte sich einladen ließen, vorbereitet. Elemente waren der Vortrags-Impuls einer prominenten Persönlichkeit (z.B. Dirk Rossmann, Anselm Grün, Andreas Barner etc.), das Angebot verschiedener Diskussionsforen mit aus der Region Westfalen und Niedersachsen stammenden Persönlichkeiten aus Politik, Handwerkerschaft und Unternehmerschaft und eine den Tag abschließende feierliche Andacht mit dem Gebet für Stadt und Land sowie das ehrbare Handwerk.

2.3 Die Wiederaufnahme der Gildetage

Der mir im Laufe meiner Antrittsbesuche vorgetragene Wunsch nach Verlebendigung der Gildetage früherer Tage, die einst gemeinsam von Handwerk und Kirche begangen wurden, konnte ebenfalls durch ein eher kleineres Format aufgenommen werden. Die Gildetage – einmal jährlich luden Handwerk und Kirche dazu ein – gaben insbesondere den Familienbetrieben aus der Region die Gelegenheit, zusammenzukommen und den vertraulichen Austausch zu pflegen. Aus dieser Runde entstanden konkrete Projekte wie die Unterstützung der Fußballgruppe allein geflüchteter Jugendlicher, die der regional tätige Fußballverein in Bückeburg ins Leben gerufen hatte – oder auch die Idee nach einem Angebot für junge Lehrlinge, durch Unterstützung von Diakoninnen und Diakonen eine längere Freizeit für junge Handwerker im Sommer anzubieten – also sehr konkrete Felder der Partnerschaft von Handwerk und Kirche.

Die sehr konkrete Schilderung der Partnerschaft von Handwerk und Kirche steht hier exemplarisch für den Kontakt zu anderen Verbänden und Organisationen wie Landwirtschaft, Sport, Unternehmerschaft, Vereinswesen und Kulturbetrieb, den es ebenfalls zu gestalten gilt.

Sie zeigt aus meiner Sicht wichtige Gesichtspunkte:

Auch im säkularen Kontext werden liturgische Kompetenzen und die Pflege des kulturellen Gedächtnisses in gesellschaftlichen Ereignissen von der Öffentlichkeit bei der Kirche angefragt – bzw. die protestantisch geprägte Kirche kann und wird diese Kompetenzen einbringen. Liturgische Gestaltung in diesen Kontexten erfordert gutes Handwerk der liturgisch Verantwortlichen.

Die elementare und anlassbezogene Gestaltung von Feierlichkeiten und Gottesdiensten wird in säkularen Kontexten besonders nachgefragt und auch erfordert; es sind besondere Liturgien, mit denen die Kirche sich in derartigen Anlässen unter die Menschen wagen muss und wird.

Das verlässliche Zusammenwirken mit Vereinen und Verbänden fördert die Dimension des Gemeinwohles und das Empfinden dafür, dass es tatsächlich einen gesellschaftlichen Zusammenhalt über die Grenzen von Eigeninteressen hinweg gibt.

Eine verlässlich mit Verbänden und Organisationen zusammenarbeitende Kirche kommt aus dem Staunen nicht heraus, wie viel Engagement für das Ganze und das Gemeinwohl in anderen gesellschaftlichen Bereichen und Milieus lebt und am Werke ist.

Eine mit anderen Verbänden verlässlich zusammenarbeitende Kirche ist gastfreundlich; sie muss ihre Gebäude und liturgischen Traditionen auf neue Formate ausrichten – um der Menschen willen, die sie erreichen und einladen will.

Worin liegt nun in dieser Erfahrungsschilderung das Programm des Öffentlichen Protestantismus verborgen? In aller Kürze gesagt: Zunächst in dem aktiven und beharrlich vorgetragenen Kontakt zur Handwerkerschaft vonseiten der Kirche; nicht das Abwarten einer Kontaktaufnahme durch Verbände, Organisationen und Vereine, sondern der aktive Wunsch zur Zusammenarbeit steht am Anfang aufgrund des eigenen Interesses und des Respektes vor der Leistung und Bedeutung des Handwerkes. Zum zweiten liegt es in dem glaubhaft vorgetragenen Willen zur Unterstützung der Handwerkerschaft und der Betriebe – verbunden mit dem Erfahrungswissen, dass die meisten der jungen Lehrlinge in der Region bleiben und dort sesshaft werden. Deren Kirchenbindung dadurch zu stärken, ist ein lohnendes Vorhaben. Des Weiteren liegt es in der Möglichkeit, Handwerk, Politik und andere Akteure – wie z. B. den Sport – zusammenzubringen und dabei aktiv mitzuwirken, Kooperationen im Sinne der Gemeinwohlförderung zu entdecken und aufzubauen.

Schließlich gilt: Die Lernbereitschaft, Erfahrungen darin zu machen, welche Formate christlichen Handelns hilfreich für die Menschen sind, ist ein weiteres Merkmal eines öffentlichen Protestantismus. Erfolgreich und angebracht sind solche Formate, die zentral sind in der Beschreibung der Bedeutung der Religion, die in der Durchführung kurzweilig sind und die junge Menschen beteiligen, ohne sogleich zu belehren.

3. Die Kooperation mit den Schulen als entscheidendes Aufgabenfeld eines seinen Ursprüngen verpflichteten Protestantismus – die Bildungsaufgabe der Evangelischen Kirche und die Entdeckung neuer Formen der Gemeindebildung

Als die evangelischen Stände sich Mitte der 20er Jahre des 16. Jahrhunderts vor Kaiser und Fürsten zeigten und rechtfertigten, wurde alsbald offensichtlich, dass die Reformbewegung der Evangelischen, die sich zunächst nicht selbst Protestanten nannten, sondern von anderen als Protestanten bezeichnet wurden, an das Licht der Öffentlichkeit als Bildungsbewegung traten; bis heute ist der Protestantismus mit der Forderung und dem Versprechen eng verbunden, für die Bildung jedes Einzelnen einzutreten – in der Kirche, in Schule und Universität sowie in der Förderung eines lebenslangen Lernens. Diese Selbstbeschreibung insbesondere unter dem Einfluss von Philipp Schwartzerdt, der sich selbst Melanchthon nannte, rückte schon in den 20er Jahren des 16. Jahrhunderts, in der Frühzeit der Reformation, in den Mittelpunkt, um die Bildung in Kirche und Gesellschaft zu verbessern. Es ist vielfach und hinreichend beschrieben worden, welche Errungenschaften die Reformation im 16. Jahrhundert und der Protestantismus dann über die Jahrhunderte im Blick auf die Bildung als Recht für alle nicht nur in deutschen Landen durchgesetzt haben.[144]

Insofern versteht es sich von selbst, dass die Aufgabe der Evangelischen Kirche in einer Region – sei es unter urbanen, sei es unter eher ländlich-überschaubaren Bedingungen – mit wesentlichen Kräften darauf ausgerichtet sein sollte, in lebhaften Kontakt zu den Schulen zu treten und die Zusammenarbeit mit den Schulen in der Region zu entwickeln. Die Möglichkeiten dafür sind gegeben – das darzustellen, dem dient dieser Abschnitt.

Welche konkreten Formen dies haben kann, das soll hier dargestellt werden. Als ich im Jahre 1988 meinen Dienst in der Landeskirche Hannover in einer norddeutschen Stadt beginnen durfte, konnte ich meinen Wunsch, alle in der Stadt vertretenen Schultypen zu besuchen, nicht wirklich zufriedenstellend erfüllen. Aufseiten der verfassten Kirche war nicht genügend Energie und Be-

---

[144] Vgl. u. a. Thomas Kaufmann, Geschichte der Reformation in Deutschland, 2016; und auch Heinz Schilling, Das Christentum und die Entstehung des modernen Europa. Aufbruch in die Welt von heute, Freiburg 2022, 59ff. und 188ff. sowie Friedrich W. Graf, Der Protestantismus. Geschichte und Gegenwart, München 2017, 101ff.

reitschaft vorhanden, Kontakte und gemeinsame Projekte zwischen Schule und Kirche systematisch in den Blick zu nehmen – und die Schulen waren abgesehen von einer freiwilligen und losen, aber in sich natürlich durchaus wertvollen Arbeitsgemeinschaft zwischen Religionslehrern und Pastoren, die mehr oder weniger regelmäßig tagte, nicht wirklich interessiert. Meine Bitte nach einem Besuchstermin bei der Schulleitung beschied beispielsweise das örtliche Gymnasium mit dem Hinweis, die kirchliche Schulaufsicht sei im Jahre 1918 abgeschafft worden – man sehe keinen weiteren Bedarf für eine tiefere Zusammenarbeit.

So gab es seinerzeit hier und dort Kontakte zwischen Kirchenkreisen und den weiterführenden Schulen; über die Arbeitsgemeinschaft für den Religionsunterricht, der in der bundesdeutschen Verfassung als einziges Lehrfach in den Grundrechtsartikeln in Art. 7 prominent erwähnt wird, hinausgehende Kooperationen in größerem Stil aber waren eher die Ausnahme.[145]

Erst mit der durch Schulerlasse erfolgten Ausweitung der Unterrichts- und Betreuungszeiten in den weiterführenden Schulen in Niedersachsen sowie dem Ausbau der sogenannten Ganztagsschulen wurden in Niedersachsen und in anderen Bundesländern die Bedingungen geschaffen, dass sich auch die weiterführenden Schulen Kooperationspartner für den Nachmittagsbereich, der nicht durch die regulären Fächer und den Pflichtunterricht belegt wird, für Arbeitsgemeinschaften und Wahlpflichtfächer verstärkt suchen konnten und auch mussten.

Über die Jahre, die ich in Verantwortung war, sind im Bereich der Landeskirche Schaumburg-Lippe eine Fülle von Kooperationen mit allen weiterführenden Schulen entwickelt worden. Am Anfang stand auch hier ein sorgfältig geplanter und durchgeführter Besuch bei allen weiterführenden Schulen, den ich im ersten Jahr meiner Dienstzeit 2010 gemacht habe. Ich wollte gut hinhören und habe nach Interessen und Unterstützungsbedarfen im Wahlpflichtbereich sowie bei den Arbeitsgemeinschaften im Nachmittagsbereich gefragt. Wir holten damit etwas nach, was Feuerwehren, Sportvereine und Interessengruppen schon zuvor gemacht hatten – nämlich ihr Interesse an der Zusammenarbeit mit den Schulen im Nachmittagsangebot und im Wahlpflichtbereich anzumelden. Zugleich haben wir unseren Wunsch und unser Motiv nach Unterstützung der Schulen offengelegt – nämlich Möglichkeiten und Orte zu finden, um Jugendliche kennenlernen und ansprechen zu können.

Über viele Jahre haben wir mit allen weiterführenden Schulen Kooperationen gepflegt und haben konkrete Projekte auf den Weg gebracht. Die setzten

---

145 Ich spreche hier vor dem Hintergrund der Entwicklung im Bundesland Niedersachsen; aber auch in anderen Bundesländern gestaltete sich das sehr ähnlich; vgl. Henrik Simojoki, Globalisierte Religion. Ausgangspunkte, Maßstäbe und Perspektiven religiöser Bildung in der Weltgesellschaft, Tübingen 2022.

an bei der Vertiefung nach Art. 7 Abs. 3 GG, wonach Religionsunterricht ordentliches Lehrfach an allen Schulen ist – bis auf die konfessionsfreien Schulen – und »in Übereinstimmung mit den Grundsätzen der Religionsgemeinschaften« erteilt wird. In der Einrichtung einer Vertiefung der Arbeitsgemeinschaft zwischen Schulen und Kirche in Fragen des Religionsunterrichtes wurde diese Zusammenarbeit konkret. Das war der erste Schritt auf dem Wege zu einer verlässlichen Kooperation mit den weiterführenden Schulen.

Dazu hat die Landeskirche Schaumburg-Lippe in sehr unterschiedlichen Feldern die Bildungsarbeit der weiterführenden Schulen unterstützen und nach deren Aussagen auch bereichern können. Dies geschah z.B. durch die Finanzierung von Personalstunden im Bereich der Sozialen Arbeit an den Schulen, insbesondere in den Oberschulen. Diese Soziale Arbeit zielte darauf ab, Jungen und Mädchen persönlich und gezielt in ihrer Entwicklung zu unterstützen, ihr Selbstbewusstsein zu stärken durch Freizeitmaßnahmen im Sommer und durch entsprechende Kurse während der Schulzeit im Wahlpflichtbereich – von Karatekursen bis hin zu Schreibwerkstätten. Durch Diakoninnen und Diakone, Theaterpädagogen und Freizeitpädagoginnen konnten wir diese Arbeit durchführen, an deren Mitfinanzierung sich die Schulen im ihnen möglichen Maße beteiligten. Des Weiteren entwickelten wir die Unterstützung der Schulen durch die gemeinsame Durchführung von Kunstprojekten, zu denen wir Künstlerinnen und Künstler aus der Region, aber auch aus unseren internationalen Beziehungen – aus Südafrika und Tansania, zwei Partnerkirchen der Schaumburg-Lippischen Landeskirche im Lutherischen Weltbund – nach Schaumburg holen konnten, und schließlich auch durch die Durchführung einer Schülerakademie für diejenigen Schülerinnen und Schüler an den Gymnasien, die an religionsphilosophischen Fragen interessiert waren. Diese Schülerakademie finanzierten wir mit, nutzten die Nähe der Akademie Loccum – und konnten dadurch auch ein intellektuell anspruchsvolles Format anbieten und fördern.

Durch diese ganz unterschiedlichen Kooperationsfelder mit den weiterführenden Schulen, die hier nicht alle zur Darstellung kommen können, wurde Vertrauen aufgebaut. Auf dem Hintergrund des so gewachsenen Vertrauensverhältnisses zwischen den weiterführenden Schulen und der Landeskirche planten wir ab 2019 eine schulübergreifende Projektwoche mit mehreren weiterführenden Schulen.

In gemeinsamen Überlegungen haben die weiterführenden Schulen und die Landeskirche eine vielbeachtete Projektwoche zu dem Thema »Gerechtigkeit« vom 4.–8. Juli 2022 durchgeführt, an der sich rund 4.000 Schülerinnen und Schüler aus mehreren weiterführenden Schulen beteiligt haben. Dieses erstaunliche Projekt will ich hier kurz beschreiben.

Aus den vier unmittelbar beteiligten Schulen – einer Berufsschule, einer Oberschule und zwei Gymnasien – bildete sich nach den Beschlüssen der Konferenzen und Schulvorstände eine größere Arbeitsgruppe unter meiner

Leitung, die die gemeinsame Projetwoche plante. An den vier Schulen wurden in dieser Projektwoche insgesamt 150 Workshops angeboten. Diese Workshops umfassten ganz praktische Themen und Arbeitsvorhaben – wie z. B. die Bergung von im Mittellandkanal versenkten Fahrrädern und deren Aufarbeitung. Die aufgearbeiteten Fahrräder wurden Flüchtlingskindern zur Verfügung gestellt. Auch wurden Althandys gesammelt, um deren Rohstoffe zu extrahieren und zu nutzen. Der Erlös wurde einem Projekt in Vietnam zur Verfügung gestellt. Ebenfalls gehörten künstlerische Projekte dazu sowie Diskussionsforen bis hin zu der Formulierung von Erwartungen an die politisch Verantwortlichen in Kreis und Land. Die Breite der angebotenen und durchgeführten Projekte war und ist unter politischen, künstlerischen, praktischen Aspekten bemerkenswert. Von NGOs bis zur Bundespolizei, von der Bundesbank bis zu Fridays for Future reichte die Bandbreite der Kooperationspartner.

Neben der Projektarbeit gab es an jedem Tag ein öffentliches Forum für die Präsentation von Ergebnissen in den Kirchen – sowie den Diskurs mit Personen aus den kooperierenden Institutionen. Expertinnen und Experten sowie Aktivisten aus ganz unterschiedlichen gesellschaftlichen Bereichen, die dem Thema Gerechtigkeit verpflichtet sind, konnten dafür gewonnen werden. In drei Großbereiche war das Oberthema »Gerechtigkeit als Aufgabe für eine menschenwürdige Gesellschaft« untergliedert: Politische Gerechtigkeit, Generationengerechtigkeit, der gerechte Umgang mit den Ressourcen der Erde. Viele national und international tätige Organisationen konnten auf Wunsch der Schulen und durch die Kontakte der Landeskirche Schaumburg-Lippe gewonnen werden: Greenpeace, Amnesty International, das Welthaus in Bielefeld, Brot für die Welt, das Diakonische Werk in Deutschland und Niedersachsen, Fridays for Future, die Bundesbank, die Bundespolizei, der Evangelische Entwicklungsdienst, das Missionswerk in Hermannsburg, Human Rights Watch, die im Landtag und im Kreistag tätigen und politischen Parteien, Sant'Egidio aus Rom sowie die Musikgruppe Gen Verde aus Florenz, die zur Gemeinschaft der Fokolarbewegung gehört – sowie eine Fülle von örtlich und regional tätigen Initiativen.

Durch die Einbeziehung künstlerischer, politischer, praktischer Themen und Aspekte konnte erreicht werden, dass in den Projektgruppen zum Teil sehr konkret und kreativ gearbeitet wurde. Die Präsenz des niedersächsischen Kultusministers am Abschlusstag am 8. Juli 2022 in der St. Martini-Kirche zu Stadthagen unterstrich den großen Respekt auch des Kultusministeriums für die Idee und die Durchführung dieses breit angelegten Bildungsangebotes.

Wir waren selbst überrascht vom immensen Erfolg dieses Projektes – die Rückmeldungen der Schulen besagten, man wolle gerne jährlich ein solches Bildungsangebot unter Leitung und Beteiligung der Landeskirche anbieten.

Dies war eine großartige Resonanz aus einem gesellschaftlichen Berufs- und Arbeitsfeld, das von Haus aus eher kirchenkritisch und zurückhaltend im Umgang mit den Religionsgemeinschaften ist.

Von den Kircheneintritten einiger Pädagogen aus den beteiligten Schulen waren wir beeindruckt. Das Tauffest mit einigen Jugendlichen, die sich nach den positiven Erfahrungen in der Projektwoche, insbesondere bei der Arbeit mit den Musikgruppen aus Italien, taufen ließen, hat uns sehr erfreut – auch deshalb, weil sie den Aspekt der Gemeinschaftsbildung und Gemeindebildung zur Darstellung brachten, die ein solches Projekt auch ermöglicht und bedeutet. Mit dem Wunsch der Zugehörigkeit zu etwas Größerem »als wir selbst es sind«, wie eine der Jugendlichen bei der Tauffeier es formulierte und bekannte, verbanden die Jugendlichen ihre Bitte, getauft zu werden.

Dieses Projekt setzte in doppelter Hinsicht exemplarisch weitergehende Überlegungen frei für die Aufgabenstellung der Evangelischen Kirche in Zeiten zurückgehender Akzeptanz und Kirchenmitgliedschaft.

Mehrere soziologische Studien zur Kirchen- und Mitgliederentwicklung liegen aus dem vergangenen Jahrzehnt vor.[146] Die eher aus dem Kontext der Inneren Mission kommende Studie unter dem Titel ›Kirchensprung‹ – in der Verantwortung des MIDI erarbeitet[147]– stellt heraus, dass die Evangelische Kirche in Deutschland in urbanen wie in ländlichen Räumen Handlungsfelder außerhalb der traditionellen Kirchengemeinden entdecken, nutzen und viel entschlossener als bislang bespielen sollte, wenn sie denn nicht selbst das Ziel hat, sich in die Altarräume ihrer ehrwürdigen Kirchen schmollend und selbstverliebt zurückzuziehen. Die Studie zeigt, dass es dort, wo der mutige und erfolgreiche ›Kirchensprung‹ in der Zusammenarbeit mit anderen gesellschaftlichen Gruppen und Institutionen geschieht, möglich wird, Interesse zu wecken und Gemeinschaft neu zu bilden.

Der offensichtlich unaufhaltsame Mitgliederverlust lässt sich nicht einfach stoppen, aber der Rückzug auf die kleiner werdenden Parochien ist keine Perspektive für eine ihres Auftrages gewisse Kirche.[148] »Die Kirche wird mehr

---

146 Zunächst: Engagement und Indifferenz. Kirchenmitgliedschaft als soziale Praxis, KMU 5. Dann kürzlich die KMU 6 von 2023 mit dem Auswertungsband unter dem Titel *Wie hältst du's mit der Kirche? Zur Relevanz von Kirche und Religion in der pluralen Gesellschaft*, Freiburg 2025; dazu die sogenannte Freiburger Studie, erschienen unter dem Titel: Projektion 2060 – Die Freiburger Studie zur Kirchenmitgliedschaft und Kirchensteuer. Analysen-Chancen-Visionen, Neukirchen 2020.

147 MIDI steht für die Evangelische Arbeitsstelle für missionarische Kirchenentwicklung und diakonische Profilbildung in Dortmund.

148 Die Debatte um die Folgerungen aus den letzten großen Studien zur Entwicklung der Bindung an die Kirche und die Mitgliedschaftsentwicklung kann hier nicht abgebildet und gewürdigt werden. Sie zeigt aber in wesentlichen Zügen: Bei einer angenommenen

um Menschen werben müssen, weil familiäre oder tradierte Sozialisation nicht mehr selbstverständlich ist. Je offener die Kontakt- und Beteiligungsmöglichkeiten, desto mehr Berührungsflächen entstehen, je vielfältiger die Möglichkeiten zur Beteiligung und Zugehörigkeit, desto unterschiedlichere Typen, Biographien, Milieus oder Lebenswelten können vom Evangelium erreicht werden.«[149] Um Zugehörigkeitsgefühle zur Kirche neu gewinnen und ermöglichen zu können, so zeigt die MIDI-Studie, sollten Kirchengemeinden und Kirchenkreise in Kooperation mit Bildungseinrichtungen – insbesondere mit Schulen – Orte für Kontaktflächen schaffen, und zwar durch Formate, in denen ein großes Klima der Freiheit und des gemeinsamen Lernens hergestellt wird. »Zugehörigkeit hat hier etwas von der alten biblischen Tradition der Gastfreundschaft: Gemeinde Jesu Christi ist dann kein Club, kein Verein mehr, der feste Regeln hat, sondern so etwas wie eine Herberge.«[150] Eine Kirche, die mit ihren überlieferten Angeboten und Veranstaltungen immer weniger Menschen erreicht, braucht solche Orte der Gastfreundschaft und des gemeinsamen Lernens und schafft dadurch Bindungen. Und sie muss und darf auch schwache Bindungen wollen. »Denn hier erreicht sie andere Menschen als nur die üblichen Verdächtigen.«[151] Mit schwachen Bindungen ist dabei vor allem gemeint, die Zugehörigkeit und Nähe zur Gemeinde nicht von der Anwesenheit im Seniorenkreis und im wöchentlichen Gottesdienst abhängig zu machen. Positiv und konstruktiv gewendet: Durch wiederkehrende und nachhaltige Kooperationen mit Partnerinnen und Partnern aus dem öffentlichen und gesellschaftlichen Leben – von Schulen über NGOs bis zu Schützenvereinen – entstehen Begegnungen und Kontakte mit der Kirche, die ganz andere Zugänge ermöglichen, die Neugier wecken und Vertiefung ermöglichen – aber auch einen Wert in sich selbst haben.

Einen zweiten Aspekt für die Aufgabenstellung und die Handlungsmöglichkeiten einer in der Mitgliederbindung des überlieferten Stils schwächer werdenden Kirche gilt es festzuhalten.

Reduzierung der Mitgliederzahlen der Evangelischen Kirche in Deutschland von 2015 bis 2060 um die Hälfte sowie der gleichzeitigen Abwendung der Mitglieder von den herkömmlichen Angeboten in den Parochien sind die Aufgabenstellungen für neue Formen der Gemeindebildung und Herstellung von Resonanzen groß. Fabian Peters, einer der Protagonisten der Freiburger Studie, spricht davon, dass diese Projektion dann und nur dann zutreffend sein wird, »wenn das Verhalten von heute für die Zukunft repräsentativ ist«. (Vgl. https://www.elk-wue.de/news/2023/01082023-kirche-2060-die-freiburger-studie, abgerufen am 12.11.2025.)

149 Hans Herrmann Pompe, Kirchensprung. Warum Kirchenentwicklung und Mission einander brauchen, MIDI-Studie, Leipzig 2022, 232.

150 Pompe, Kirchensprung, 233.

151 A. a. O., 234.

Ein Lebensbereich, der die verfasste Kirche und auch konkret die Landeskirche zuvor sehr kritisch gesehen und beurteilt und eine Kooperation in einem konkreten Bildungsangebot für nicht angesagt gehalten hat, erlebt und erfährt die verfasste Kirche als hilfreich, unterstützend und kompetent. Die meisten der Akteurinnen und Akteure aus dem Bereich Schule sind bereit, nach einem solchen Projekt und dem zuvor aufgebauten Vertrauen die meisten Vorurteile über Bord zu werfen und in der Kirche einen wichtigen und geschätzten Kooperationspartner für Bildungserlebnisse der Schüler zu sehen - das ist eine bemerkenswerte Erfahrung für mich und alle kirchlichen Mitarbeiterinnen und Mitarbeiter, die sich an den Angeboten in der schulischen Kooperation beteiligt haben! Zunehmende Säkularisierung engt die Optionen kirchlichen Handelns und Agierens im öffentlichen Kontext nicht ein, sondern erweitert sie.

Es gibt sehr gute Gründe, dass die verfasste Kirche sich auch und gerade in Zeiten ihrer Transformation darauf konzentriert, im Bereich der religiösen Bildung eine verlässliche Partnerin der Schulen zu sein und die Glaubensoption an den Schulen einzubringen. Diese Erfahrung knüpft an die Untersuchungen von Hans Joas und Charles Taylor an, in denen gezeigt wird, dass der Prozess der Säkularisierung moderner Gesellschaften nicht automatisch und unaufhaltsam zu Entfremdungen von gelebter Religion und religiösen Gemeinschaften führt, wie gerne behauptet wird. Sondern im Sinne des Gottesglaubens als einer möglichen und interessanten Option eröffnet die vorangeschrittene Säkularisation neue Zugänge zur Religion in ganz unterschiedlichen Lebens- und Arbeitsbereichen.

Das setzt aber voraus, dass insbesondere die verfassten Kirchen sich von der fixen Idee verabschieden, sie seien Monopolisten und Fachaufsicht zugleich im Bereich der Religion oder wollten in solche Zeiten, als das möglicherweise galt, zurück.[152]

4. Vertrauensförderung zwischen den Religionsgemeinschaften als gesellschaftlicher Auftrag der Kirchen

Bei meinen Antrittsbesuchen bei den politischen Hauptakteuren im Landkreis Schaumburg berichteten mir im Jahre 2010 der Landrat, die Verantwortlichen der Parteien im Landkreis sowie die Bürgermeister von ihren Versuchen, zu den

[152] Für Hans Joas zeichnet sich die ›neue Moderne‹ als eine Zeit aus, die eine »Vielfalt von Anknüpfungspunkten für die Kirchen bereithalten«, die es zu erkennen und klug und wertschätzend zu nutzen gilt (vgl. Joas, Glaube als Option, 199). Joas bezieht sich dabei im Wesentlichen, aber nicht nur, auf Studien des kanadischen Religionssoziologen Charles Taylor.

nach 1970 neu entstandenen Religionsgemeinschaften, insbesondere den muslimischen Gemeinden, einen verlässlichen und nachhaltigen Kontakt zu entwickeln; dafür erbaten sie, wenn möglich, meine Unterstützung. Sie antworteten damit auf meine Frage an sie nach Orten und Gelegenheiten der verlässlichen Zusammenarbeit zwischen der Landeskirche und den politisch Verantwortlichen sowie möglichen gemeinsamen Aufgaben.

Die politisch Verantwortlichen im Landkreis wie auch die Landtagsabgeordneten der Region schilderten mir dabei respektvoll ihre Wahrnehmung, dass es eine gewisse Zurückhaltung, insbesondere der Moscheegemeinden, gebe, mit den politisch Verantwortlichen eine vertrauensvolle Gesprächsebene zu entwickeln.

Allein in der Kreisstadt Stadthagen gibt es seit dem ersten Jahrzehnt des 21. Jahrhunderts fünf mehr oder weniger große und aktive Moscheegemeinden mit entsprechenden Gebetsräumen und Versammlungsorten. Hinzu kommt die Alte Synagoge in Stadthagen, im Jahre 1938 zerstört, aber nicht abgebrannt, die durch eine Bürgerschaftsinitiative und Vereinsgründung aus den 90er Jahren im Gespräch mit der Jüdischen Gemeinde in Niedersachsen und der neu gegründeten jüdischen Gemeinde in Schaumburg zu einem wunderbaren Lernort für das jüdische Leben in der Region entwickelt werden konnte – im Übrigen unter aktiver Mitarbeit auch der Landeskirche und am Ende auch durch finanzielle Unterstützung der öffentlichen Hand und der Landeskirche.

Ich habe diesen Wunsch der politisch Verantwortlichen gerne gehört und angenommen; ab 2010 haben wir in unserer Kirche vor dem Hintergrund einiger vorausgegangener und weiter zurückliegender Versuche den Aufbau eines vertrauensvollen Verhältnisses zur jüdischen Gemeinde, zu den Moscheegemeinden sowie der alevitischen Kulturgemeinde und den Eziden (auch Jesiden genannt) systematisch und aktiv betrieben.

Die genannten Kultusgemeinden und Kulturgemeinschaften hatten sich gebildet aus den in den 80er Jahren des 20. Jahrhunderts angeworbenen Familien und Arbeitern, die in den Fabriken im Schaumburg und im Hannoverschen Land Arbeit annahmen und ihre Angehörigen nachholten und so sesshaft wurden.

Der Aufbau des freundschaftlichen und vertrauensvollen Kontaktes begann mit einem ausführlichen Besuch einer Delegation der Landeskirche unter meiner Leitung bei den Gemeinden, der Gegeneinladung sowie der Ausübung gegenseitiger und herzlicher Gastfreundschaft. Zu den Zeichen der Gastfreundschaft gehörte die Einladung zum Essen, das Gebet in Gegenwart des anderen – das Hören auf den Weg der Familien nach Deutschland und auch die Sorge für einen eigenen Gebetsraum und eigene Versammlungsräume. Erst nach dieser ausführlichen Besuchstätigkeit sowie der Wahrnehmung und Gewährung herzlicher Gastfreundschaft begannen wir mit dem, was man konkreten interreligiösen Dialog nennt.

In einem gegründeten Arbeitskreis der Religionsgemeinschaften gab es einen Ort, um sich gegenseitig zu berichten von den Grundsätzen und Aufgaben, die sich die eigene Gemeinde und Religionsgemeinschaft gibt und setzt. Gleichwohl – die direkten persönlichen Kontakte über das Jahr waren immer die wirkungsvollsten und sichersten Orte für konkrete Absprachen über Vorhaben und Angelegenheiten. Dazu gehörten natürlich auch die gegenseitigen Einladungen zu den jeweiligen großen Festen der eigenen Religion – von Weihnachten bis zum muslimischen Fastenbrechen und dem jüdischen Laubhüttenfest. Selbstverständlich hatten in den Diskursen und Veranstaltungen auch die Differenzen der Religionsgemeinschaften und deren Thematisierung ihren Platz. Ohne offene Thematisierung des Differenten wären die Begegnungen äußerlich geblieben, der Vertrauensaufbau nicht möglich gewesen.

Am Ende stand die Geburt einer jährlichen und gemeinsamen Veranstaltung und Begegnung aller Religions- und Kulturgemeinden des Landkreises in den Räumen der St. Martini-Kirche zu Stadthagen am Vorabend des Reformationstages. Diese Veranstaltung unter Teilnahme am Ende aller Religions- und Kulturgemeinden der Region wurde zu einem herausgehobenen Ort für die gemeinsame Zielsetzung: die integrative und das Zusammenleben der Menschen stärkende Kraft der Religion zur Darstellung zu bringen! Die interreligiöse Begegnung am Vorabend des Reformationstages wurde dabei zu dem von allen Religionsgemeinschaften der Region angenommenen und beworbenen Ort und Ausdruck dieses Weges zu gegenseitigem Respekt und gegenseitiger Achtung der Religionsgemeinschaften.

Der Landrat und der Landesbischof waren die Einladenden. Die politisch Verantwortlichen des Landkreises, die Landtags- und Bundestagsabgeordneten sowie Vertreter der Landesregierung in Hannover haben durch ihre Teilnahme an dieser Veranstaltung die Leistung gewürdigt, die die Religionsgemeinschaften auf dem Weg zu gegenseitigem Vertrauen und zugleich zum Vertrauen in die politische Kultur unseres Landes vollbracht haben. Ihre Anerkennung für die Initiative und Leistung der Christengemeinden für die gewachsene Kultur von Anerkennung und Respekt haben die Verantwortlichen von Region und Land auch öffentlich geäußert und dankbar ausgedrückt.

Die Themen dieser Veranstaltung am Vorabend des Reformationstages über die Jahre waren beispielsweise:

- Die wichtigsten Ausdrucksformen meines Glaubens
- Die Kraft des Gebetes und das Gebet der anderen
- Unser Glaube und das Zusammenleben in unserem Land
- Mein Glaube und das Interesse am Glauben der anderen

Entscheidende und leitende Elemente des Begegnungsabends waren das gegenseitige Erzählen der Glaubensgrundlagen unter dem jeweiligen Thema, Interviews mit Angehörigen der Glaubensgemeinschaften, der Redebeitrag einer prominenten Person aus Land und Bund (z. B. Bundespräsident a.D. Christian Wulff, Kultusminister Grant-Hendrik Tonne aus Hannover, Frauke Heiligenstadt, ebenfalls Kultusministerin, Ulrike Wernstedt, Präsidentin der Klosterkammer Hannover, Kamal Darwiche, Angehöriger der Bundespolizei), die musikalische Mitwirkung der Chöre der unterschiedlichen Gemeinden, kulturelle Beiträge aus dem Umfeld der Gemeinden, ein gemeinsamer Gebetsteil mit dem Gebet der einzelnen Kultusgemeinden in Gegenwart der anderen Religionsangehörigen – unter Wahrung der Differenz im Gebetsverständnis – sowie ein anschließender Teil der Begegnung mit Gastfreundschaft, Gespräch und der Feier des Miteinanders in der Kirche. Viele hundert Menschen nahmen an diesem Abend und an dieser interreligiösen Begegnung teil.

In einer Nachbesprechung wurden die Veranstaltungen jeweils ausführlich reflektiert, denn natürlich war und ist der Bedarf groß, religiöse Vollzüge der jeweils anderen Religionsgemeinschaften zu verstehen. Über die Jahre habe ich gelernt, wie wichtig es ist, nach gemeinsamen Veranstaltungen Rückfragen aus den Religionsgemeinschaften zu hören und gründlich zu besprechen.

Aktiv beteiligt haben sich die beiden Gemeinden der DITIB in Stadthagen, die alevitische Kultusgemeinde in Schaumburg, die Schura, die Gemeinschaft der Eziden, die jüdische Gemeinde in Schaumburg und einige der Christengemeinden der Region.

Diese Begegnung am Vorabend des Reformationstages in der Stadthäger Martinikirche war und ist bis heute der einzige Ort, an dem sich auch die unterschiedlichen muslimischen Communities gegenseitig begegnen und zu dem sie sich gemeinsam einladen lassen.

Die Gemeinde der Millî Görüş war zunächst nur besuchsweise dabei und hat nach drei Jahren gebeten, auch bei dieser Veranstaltung aktiv mitwirken zu können. Auch die Begegnung zwischen der jüdischen und den muslimischen Gemeinden wurde durch dieses Ereignis überhaupt erst ermöglicht.

Der Dienst, den damit die Landeskirche bzw. die christlichen Gemeinden für das Zusammenleben in Stadt und Region sowie für die Integration der Familien, die sich zu den Kultusgemeinden zählen und darin eingetragen haben, ist von den politisch Verantwortlichen immer stärker und dann auch öffentlich gewürdigt worden.

Gerade der ausdrückliche Zugang über die Religion hat die Integration der Migranten aus anderen Kulturkreisen, in denen die Religion auch im öffentlichen Leben eine viel sichtbarere Rolle spielt als in Deutschland, befördert und das Verständnis für den bundesdeutschen Verfassungsstaat und sein Modell des Verhältnisses von Staat und Religion vertieft.

Auch die Einschätzung vieler Migrantenfamilien, die sie zunächst bei meinen Antrittsbesuchen äußerten, dass Deutschland ein Land ohne Religion sei, sie selbst also in einem Land leben würden, das die Religion eher missachtet oder komplett ins Private verbannt, konnte durch die Erfahrungen der Begegnung erweitert und verändert werden.

Die Verantwortlichen der christlichen Gemeinden in einer Region, die über viele Jahrzehnte davon geprägt war, andere religiöse Gemeinschaften als die Christengemeinden nur aus Erzählungen anderer zu kennen, hatten wichtige Lernerfahrungen zu durchschreiten. Zunächst: den respektvollen Dialog mit anderen Religionsgemeinschaften als gesellschaftliche Aufgabe der christlichen Kirchen zu erkennen – als Dienst an der Gemeinschaft. Dazu gehört die Erfahrung eines respektvollen Dialogs, der Differenzen angstfrei benennt und auf Absolutheitsansprüche der eigenen Religion im Gespräch höflich verzichtet, ohne sie verabschieden zu müssen. Schließlich zählt dazu auch die Erkenntnis, wie bereichernd gelebte Gastfreundschaft ist. Vor dem Hintergrund dieser Erfahrungen konnte der gemeinsame Auftrag der Religionsgemeinschaften für ein friedliches Miteinander der Religionen und das Vertrauen in den Staat Bundesrepublik Deutschland einzutreten, eine ganz konkrete Gestalt gewinnen.

Diese Dienstleistung der Kirche an einem friedlichen Zusammenleben und an der Förderung des Miteinanders der Religionen und ihrer gemeinsamen Verantwortung für das Zusammenleben hat Früchte getragen.

Als am 7. Oktober 2023 die Hamas ihren brutalen Überfall auf Israel ausführte, waren auf mein Bitten hin alle religiösen Gemeinschaften und Kulturgemeinden bereit, in der Martini-Kirche zu Stadthagen am 13. Oktober 2023 zusammenzukommen und ihre Solidarität mit der jüdischen Gemeinde und dem jüdischen Volk auszudrücken und zu zeigen.

Ein zweites Beispiel mag das noch ergänzen: Auch die Errichtung eines Gebetsraumes für Musliminnen und Muslime im Schaumburger Klinikum ist erkennbar durch diese Erfahrungen im Aufbau gegenseitigen Vertrauens befördert worden.

5. Verantwortung für das Gemeinwohl und der Gottesglaube – eine segensreiche und vernünftige Verbindung

5.1 Die Entwicklung des Schützenwesens und die Bedeutung der Religion

Das Schützenwesen mit seinen Versammlungen und Aktivitäten gehört beinahe zu jeder norddeutschen Ortschaft, zum Jahres-Festkalender wie zur verbliebenen, unverwüstlichen Ausstattung eines Gemeinwesens – wie die freiwillige Feuerwehr und das Kirchengebäude. Die kleinen Läden, die Post und die Bankfilialen, zum großen Teil auch die Ansprechpartner der Kirche, sind aus den kleinen Dörfern verschwunden – die Schützinnen und Schützen sind geblieben.

Das Schützenwesen ist in beinahe allen ländlichen Regionen der Bundesrepublik in unterschiedlicher Ausprägung unverzichtbarer Teil des kulturellen Lebens. In norddeutschen Regionen nennt man, wie in den westlichen und südlichen Landesteilen Deutschlands den Karneval und den Fasching, das jährliche Schützenfest gerne die fünfte Jahreszeit – und beschreibt damit ohne Zweifel den Anspruch und die Wirklichkeit, dass es Volksfestcharakter hat.

Das Schützenwesen in Deutschland reicht dabei von den stark christlich geprägten Bruderschaften im rheinisch-westfälischen Bereich über die zum Teil streng traditionell gelebten Bünde im östlichen Deutschland sowie die eher bürgerlich-republikanisch gegründeten und agierenden Schützenvereine in den freien und Hansestädten bis zu den folkloristisch-fröhlichen Traditionen des süddeutschen Raumes.

Die UNESCO-Kommission in Deutschland hat am 4. Dezember 2015 unter Zustimmung und in Gemeinschaft mit der Kultusministerkonferenz das Schützenwesen und die Kultur der Schützenvereine zum immateriellen Kulturerbe in Deutschland erklärt, weil sie das Brauchtum und den Zusammenhalt in einem Gemeinwesen hochhalten. Zur Begründung wird dabei darauf hingewiesen, dass sich das Schützenwesen um das »Gemeinwohl und den Zusammenhalt der Gesellschaft auf örtlicher und regionaler Ebene verdient macht, die soziale Kultur und das soziale Engagement hochhält und die Identifikation mit dem Land und der Stadt repräsentiert und darstellt«. Hinzu kommt das »Eintreten für die Heimat und die Herkunft und die Darstellung der Bereitschaft, für den Schutz desselben persönlich einzustehen«.[153]

In Kreisen der Evangelischen Kirche und insbesondere der evangelischen Geistlichen pflegt man gewöhnlich nicht so hoch zu denken vom Schützenwesen in Deutschland. Da steht das Schützenfest eher im Verdacht, dem überflüssigen Schießtraining, dem Waffengebrauch und dem Alkoholgenuss gegenüber insgesamt ein zu empathisches Verhältnis zu haben. Deswegen hält man im Allgemeinen Distanz zum Schützenwesen in evangelischen Kreisen, um sein Urteil bzw. Vorurteil nicht korrigieren zu müssen. Pfarrerinnen und Pfarrer sind rar gesät, die von sich aus Kontakt zu den Schützenvereinen halten oder neu aufnehmen. Dennoch soll hier der Ort sein, die Durchführung und Gestaltung eines Schützenfestes in besonderer Gestalt in einer norddeutschen Kleinstadt und die Beteiligung der Evangelischen Kirche daran in den Blick zu nehmen – unter dem Aspekt einer segensreichen, vernünftigen und plausiblen Verbindung, einer Bezogenheit zwischen der von der UNESCO bescheinigten unbedingten Gemeinwohlorientierung der Schützenvereine und der um das Gemeinwohl bemühten christlichen Religion.

Das Bückeburger Schützenfest – von der Tradition her eher republikanisch-städtisch geprägt und somit unter dem Titel »Bürgerschießen« firmierend –

---

[153] Leineweber, 13 und 17 sowie https://www.dsb.de/tradition/immaterielles-kulturerbe.

erlebte ich erstmals im Jahre 2011, wenige Monate nach meinem Dienstbeginn, mit. Von Mittwochabend bis zum Sonntag in der letzten Augustwoche wird es begangen und von allen Altersgruppen zünftig gefeiert – unter enormer und eindrücklicher Beteiligung der Einwohnerinnen und Einwohner der Stadt und vieler Institutionen, ebenfalls mit Gästen und Delegationen aus den Partnerstädten. Umzüge, Bezirks- und Stadtteiltreffen, Besuche der Schützen bei sozialen Einrichtungen wie Kindergärten und Pflegeheimen, ein sehr würdiges Gedenken der im vergangenen Jahr Verstorbenen zu Beginn des Festes, abendliche Treffen auf dem Marktplatz dieser im Geiste der Renaissance geplanten und erbauten Stadtanlage; damals, ab 1608, bot der Marktplatz allen Bürgerinnen und Bürgern der Stadt Platz. Auch noch heute zeigt er sich sehr geräumig und ist für größere Veranstaltungen sehr gut geeignet. Ich nahm damals im Jahr 2011 selbstverständlich auf Einladung des Vorstandes an vielen Veranstaltungen im Rahmen der Festwoche teil – und war fasziniert. Ich war beeindruckt von der Fröhlichkeit und Heiterkeit des Festes bei deutlich geringerem Konsum von Alkoholika, als ich das in anderen Regionen und bei anderen Gelegenheiten auch schon erlebt hatte. Ich nahm teil an den Umzügen, die in jenem Teil Niedersachsens traditionell im schwarzen Anzug und in festlichem Gewand stattfinden – nicht in der Tracht eines Schützenvereines.

Ich teilte dem Vorstand im Anschluss meine Gemütslage und meinen großen Respekt vor der Gestaltung dieses Bürgerfestes mit und bat in einem dem Fest nachlaufenden Gespräch um wohlwollende Prüfung der Frage, ob man nicht an einem der vier Tage auch auf dem Marktplatz einen gemeinsamen Gottesdienst feiern könne und wolle. Der könne das großartige Schützenfest doch möglicherweise noch abrunden und positiv ergänzen. Bis heute habe ich die überaus respektvolle und achtsame Beantwortung meiner Bitte im Ohr: Gewiss könne man darüber nachdenken. Zunächst müsse man mir aber sagen, man habe sich über meine ausführliche und durchgehende Teilnahme am Schützenfest/Bürgerschießen gefreut; man wolle gleichwohl, was nun meinen Vorschlag zu einem integrierten zentralen Gottesdienst betreffe, weiterhin dafür Sorge tragen, dass das Schützenfest ein fröhliches und heiteres Fest bleibe; man sehe deshalb nicht, wie da ein Gottesdienst hineinpasse. Auf meine Rückfrage bestätigten sie ihre Überzeugung, dass Gottesdienste, wie sie selbst sie erleben und kennen würden, eher dazu genutzt würden, sie zu belehren oder zu langweilen oder sogar zu verdächtigen, mit der Festwoche dem Waffengebrauch und Alkoholkonsum zu starke Bedeutung zu geben. Ob sie sich da ganz sicher seien, so fragte ich. Ja, das seien sie durchaus und das sei auch durch ihre Erfahrung hinreichend gedeckt, mithin ein Urteil, kein Vorurteil. Die Kirche würde gerne auf einem hohen Ross sitzen und andere langweilen, belehren oder gar verdächtigen. Aber man wolle sich das Geschehen in der Kirche nun daraufhin in der kommenden Zeit noch einmal genauer anschauen – eventuell käme man auf mein Angebot und den

Vorschlag nochmals zurück. Beim Totengedenken aber, zu Beginn des Schützenfestes, so baten sie, solle ich vorerst immer sprechen.

Nun – einige Jahre später war der Vorstand des Bürgerschießens bereit, einen zentralen und öffentlichen Gottesdienst auf dem Marktplatz in das Schützenfest zu integrieren. Das Schützenwesen, sehr tief verankert in der Bevölkerung und breit aufgestellt mit vielen Kooperationspartnern in Stadt und Landkreis, hat sich nicht nur dort, in Bückeburg, in vielen Bereichen weiterentwickelt. Es hat seine soziale und das Gemeinwesen insgesamt mit einbeziehende Seite etabliert und damit seine integrative Bedeutung für den gesamten Ort enorm vertieft und zur Darstellung gebracht.

Gleichwohl – der zentrale Gottesdienst als integrierter Teil des Schützenfestes stand bei seiner Premiere 2015, das war überdeutlich, unter Beobachtung und unter Erfolgsdruck: »Einen Versuch haben Sie!« Dieses Wort des Vorstandes klang mir in den Ohren.

Welcher Text bot sich an für diesen einen Versuch? Hoch oben am Bückeburger Rathaus sind zwei Verse aus der Schillerschen Ballade ›Die Glocke‹ verewigt, für den vorbeieilenden Betrachter aufgrund der Entfernung kaum erkennbar: »Arbeit ist des Bürgers Zierde – Segen ist der Mühe Preis« – das steht dort geschrieben. Der Dichter fährt bekanntlich fort: »Ehrt den König seine Würde, ehret uns der Hände Fleiß.«

Die bürgerschaftliche Pflicht der Arbeit und des Gestaltens und der daraus erwachsende Stolz werden dort oben am Rathaus der Stadt besungen – der freie Mensch, der schafft und verantwortlich ist, ist im Blick der Ballade. Unter Einbeziehung des Gleichnisses von den Arbeitern im Weinberg – Matthäus 20, 1–16 – musste und sollte das der leitende Text des Gottesdienstes auf dem Marktplatz werden! Die aktive und erbetene Beteiligung einiger Schützinnen und Schützen bei liturgischen Teilen, bei Gebeten und Lesungen sowie in Voten zu ihren persönlichen Beweggründen und Motiven, sich am Schützenfest aktiv zu beteiligen und sich für ihre Stadt einzusetzen, gute Musik und die Neugier der Menschen leisteten gewiss ebenfalls ihren Beitrag dazu, dass dieser Gottesdienst auf dem sehr gut gefüllten Marktplatz die Menschen erreichte und bewegte. Der Beschluss, nun immer und verlässlich einen Gottesdienst in das schöne und heitere Fest zu integrieren, stand nach zwei weiteren Erfahrungen mit den zentralen gottesdienstlichen Begehungen beim Schützenfest fest. Einst galt, ein fröhliches Bürgerfest verträgt keinen Gottesdienst; nun gilt und soll gelten – vorerst ohne zeitliche Begrenzung –, ein Bürgerfest braucht den Gottesdienst!

Entscheidend sind mir an dieser Stelle die Gründe für die gewachsene Akzeptanz der Integration eines Gottesdienstes in ein säkulares Fest, die die Beteiligten zu Papier und Gehör brachten.

Die Feierlichkeit, die ein Gottesdienst vermittelt, und die gottesdienstliche Würdigung des Gemeinschaftssinnes wurden an erster Stelle genannt. Dazu wurde die Verstärkung und Bewusstmachung der Gemeinwohlorientierung, die das Bürgerfest prägt, in der gottesdienstlichen Feier hervorgehoben sowie die entscheidende Erfahrung, die der Gottesdienst ihnen vermittelt habe. Schließlich schätze man die darstellende Kraft eines Gottesdienstes für die Gottbezogenheit der Gemeinschaft sowie der eigenen Arbeit. »Es gibt Größeres, als wir selbst es sind, und an dem wir Anteil haben durch unsere eigene Mühe und Arbeit« – so formulierten es viele Bürgerinnen und Bürger abschließend. Das zu feiern und sich daran erinnern zu lassen, habe der Gottesdienst ihnen in einzigartiger Weise vermittelt.

Kein Geringerer als Jürgen Habermas spricht davon, dass die christliche Religion Deutungen und Sprachcodes für die unverfügbaren Seiten und Erfahrungen des Lebens bereithält, die nicht einfach in eine rationale Sprache übersetzt werden können, sich aber auch dem religiös unmusikalischen Zeitgenossen in ihrem Sinngehalt erschließen. So drückt die »Geschöpflichkeit des Ebenbildes« sowie die Rede von einer unmittelbaren Verantwortung vor Gott eine »Intuition aus, die auch dem religiös Unmusikalischen etwas sagen kann« und die nicht ersetzt werden kann durch eine rationale Sprache.[154]

Es gibt vor dem Hintergrund dieses Beispiels gute Gründe anzunehmen, dass die christliche Kirche, in welcher konfessionellen Gestalt auch immer, darin eine volkskirchlich zu nennende Bedeutung hat, dass sie einen kulturellen Wissensschatz bereithält, an ihn erinnert und ihn in liturgischen Formen zur Darstellung bringt und dabei Ausdrucks- und Darstellungsformen bereithält für die Erfahrung von Schuld, Leiden, Vergebung, Versöhnung, Verantwortung und die Feier des Lebens.[155] Es gehört zu den hier geschilderten eigenen Erfahrungen, dass dieser kulturelle Wissensschatz und das Know-How seiner Einbringung und Nutzbarmachung in die säkular sich verstehende Gesellschaft innerhalb der verfassten Kirche vielfach unbekannt geworden sind; der Schatz und seine Wirkungskraft will innerhalb der Evangelischen Kirche ganz offensichtlich allererst noch erkannt und gehoben sein. Er reicht jedenfalls deutlich weiter.

---

[154] Jürgen Habermas, Glauben und Wissen, 30 f.

[155] In diesem Sinne spricht Wolfhart Pannenberg davon, dass der Sinn für das Gemeinwohl »letzten Endes nur religiös zu begründen ist«, weil er anknüpft an die Sehnsucht nach dem Reich Gottes als dem Ziel der menschlichen Gemeinschaft, wo Recht und Gerechtigkeit vollkommen verwirklicht sind. Auf dessen Realisierung mit den je eigenen Kräften hinzuarbeiten, ist die Bestimmung jedes Menschen. Vgl. Pannenberg, Thesen zur Theologie der Kirche, 55.

5.2 Neue Gemeindebildungen – Sport und Kirche

Zu dem strategisch angelegten Versuch der Landeskirche Schaumburg-Lippe, die Zusammenarbeit mit allen Verbänden und Vereinen, die sich um das Gemeinwohl bemühen, aktiv aufzubauen und zu gestalten, gehörte auch die Einladung aller Verbände und Institutionen zu einem jährlich stattfindenden Empfang in der zentralen und größten Kirche der Landeskirche. Zu diesem Empfang wurden neben Verbänden, Vereinen und Initiativen alle Institutionen, Vertreter der Europa-, Bundes- und Landespolitik sowie die kommunalen Verantwortungsträger eingeladen. Und sie nahmen alle gerne daran teil – sodass wir in jedem Jahr eine große Schar, bis zu 1.000 Besucherinnen und Besucher, begrüßen konnten. Zu diesem Empfang gehörte jeweils ein Motto, das einen öffentlichen Bezug hatte – von Fragen der persönlichen Bildung bis hin zu zentralen Fragen der gesellschaftlichen und politischen Entwicklung der Republik. Eine bundesweit oder sogar europaweit bekannte Persönlichkeit sprach als Gast zum jeweiligen Motto des Empfangs; gute Musik aus kirchlichem und weltlichem Kontext und gemeinsames Singen gehörten zum Empfang wie das gesellige Beisammensein im Anschluss auf einem der großen Plätze der Stadt. Vertreterinnen und Vertreter aller Verbände, Parteien und Institutionen, Angehörige anderer Religionsgemeinschaften, Politiker und Kulturschaffende – sie alle kamen. Als Referentinnen und Referenten konnten wir über die vielen Jahre z. B. begrüßen: Bundesministerin Annette Schavan, die Journalisten Giovanni di Lorenzo, Georg Mascolo und Tom Burow, den Verfassungsrechtler Udo di Fabio, Bischof Tomas Fabiny aus Budapest, den Ministerpräsidenten des Landes Niedersachsen, Stefan Weil, den Arzt Dietrich Grönemeyer, den Ratsvorsitzenden Bischof Bedford-Strohm, den Bundesminister Thomas de Maizière etc. Wesentlicher und besonders festlich gestalteter Teil des Empfanges war die Ehrung von Menschen aus ganz unterschiedlichen Bereichen des gesellschaftlichen Lebens. Insbesondere Ehrenamtliche aus dem Sport, dem Kulturleben, aus der Hospizarbeit, dem Gesundheitswesen, der Kultur, der Kommunalpolitik usw. wurden über die Jahre geehrt. Zu jedem Ereignis waren es rund 125 zu ehrende Persönlichkeiten. Alle, auch die Angehörigen anderer Religionen, die aus der Kirche Ausgetreten oder nicht Getauften – alle kamen, ließen sich von ihren Organisationen als zu Ehrende vorschlagen – und traten vor den Altar der Stadtkirche, um vom Landrat, dem Stargast oder dem Bischof bedankt zu werden für den hingebungsvollen Dienst am Gemeinwohl.

Großes Erstaunen gab es bisweilen bei den Gästen aus dem restlichen Bundesgebiet, dass dieses Ereignis so möglich sei und akzeptiert werde. Unabhängig von Religionszugehörigkeit, politischer und weltanschaulicher Prägung und unabhängig vom Herkommen wird die Stadtkirche anerkannt und genutzt, um sich ehren zu lassen für gesellschaftliches Engagement – im Übrigen eine Ehrung, die nicht unbedingt und ausschließlich nur die Arbeit in der

Kirche, sondern auch in der Zivilgesellschaft und im Staat im Blick hat. Giovanni di Lorenzo sprach in seiner Rede von einer denkwürdigen Erfahrung, die er an diesem Ort machen dürfe, eine Erfahrung, die er sich nur dadurch erklären könne, dass man hier in einem Landstrich der Bundesrepublik Deutschland lebe, wo das Vertrauen untereinander und zueinander sich so sehr entwickelt haben müsse, dass man sicher sein könne, nicht sofort und sogleich vereinnahmt zu werden, wenn man sich z. B. als Kommunalpolitikerin in der Kirche bei einem festlichen Ereignis für zivilgesellschaftliches Engagement auszeichnen lasse.

Diese Wertschätzung und Würdigung der Arbeit am Gemeinwohl vor dem Altar der Stadtkirche als von allen gesellschaftlichen Gruppen geachtetes und akzeptiertes Geschehen, das eine starke und symbolhafte Bedeutung für den Zusammenhalt in der Gesellschaft hat und auch Ausdruck des Vertrauens in die Kirche und die anderen gesellschaftlichen Akteure in der Region ist, war vielen Akteuren und Verantwortlichen in Schaumburg wichtig darzustellen.

Im Anschluss an die Ehrung der im Sport tätigen Übungsleiterinnen und Übungsleiter – an diesem Tag des Jahresempfanges im August 2016 sprach die Olympiasiegerin Britta Steffen aus Berlin zum Thema »Umgang mit Erwartungen und Misserfolg« – wandte sich der örtliche Sportverein an mich mit der Bitte, vor Weihnachten ein Stadionsingen für alle Sportbegeisterten und Interessierten durchzuführen und auszurichten. Man habe sich die Entwicklung der Kirche angesehen, den Jahresempfang mit der Ehrung von Sportlerinnen und Sportlern aus der Region angeschaut und gefallen lassen – nun wolle man die Kooperation mit der Kirche durch ein solches Angebot direkt vor Heiligabend vertiefen. Auf meine Frage, welche Formen und Vollzüge für sie zum Stadionsingen in der überregional nicht wirklich bekannten Bückeburger Arena gehören sollten, sagten sie in einem anberaumten Vorgespräch: das Singen von Weihnachtsliedern, die Lesung der lukanischen Weihnachtsgeschichte, das Erzeugen eines ›Wir-Gefühls‹ sowie Gebet und Segen – und natürlich ein anschließendes geselliges Beisammensein wie beim Jahresempfang der Landeskirche. Die organisatorische und logistische Vorbereitung nahmen die Vereinsmitglieder in die Hand. Das Wort des großartigen Vorsitzenden des VfL Bückeburg: »Was Union Berlin und Schalke können, das können wir auch!«, es klingt noch heute in meinen Ohren. Wir, die Kirchenleute, sollten für das inhaltliche Programm mit Musikschaffenden aus ganz unterschiedlichen Kreisen zuständig sein.

Mit großer Faszination, ja mit ungläubigem Staunen erlebte ich über viele Jahre, dass sich hier eine neue Gemeinde bildete – eine neue Weihnachtsgemeinde am Tag vor Heiligabend. Die Gemeinde wurde gebildet aus den getauften, aber aus der Kirche ausgetretenen Christenmenschen, dazu kamen die getauften, aber nicht ausgetretenen Christenmenschen, ferner die Neugierigen, die religiös Unmusikalischen. Alles in Zusammenarbeit mit Sportlerinnen und Sportlern der Umgebung, den Schützen und anderen Kooperationspartnern. Mit großem Erstaunen und bestimmt mit wachsender Freude nahmen auch die Kirchengemeinden der Umgebung diesen Weihnachtsgottesdienst der neu entstandenen Sport-Gemeinde als Bereicherung ihrer gemeindlichen Weihnachtsangebote wahr.

Auch hier gilt es, die Erfahrung festzuhalten, dass in diesem Ereignis »die Grenzen der Kirche über ihre Institutionalität bzw. ihren Organisationscharakter« [156] hinaus gefasst werden dürfen und müssen. Das betrifft die Selbstbeschreibung der Aufgabe der Kirche, nämlich Orte und Zeiten anzubieten und mitzugestalten, in denen die Liturgie des christlichen Gottesdienstes öffentliche Ereignisse bereichert und an öffentlichen Orten gewünscht wird, auch vor dem Hintergrund gewachsenen Vertrauens. Das betrifft aber auch den Wunsch von Verbänden, Organisationen und Institutionen, ihre Bezüge auf das Gemeinwohl und ihre Energie für die Stärkung des gesellschaftlichen Zusammenhaltes zu unterstützen und zu bereichern.

Das wird nach meiner Einschätzung nur gelingen können, wenn die örtlich und regional verankerte Kirche aktiv auf diejenigen Verbände, Vereine und Initiativen zugeht, die sich in ihrem Selbstverständnis um das Gemeinwohl bemühen und den Zusammenhalt der Gesellschaft im Blick ihres eigenen Handelns haben. Das sind nach meiner Erfahrung aber beinahe alle historisch gewachsenen Verbände und Vereine – von der Landwirtschaft über das Handwerk bis zum Unternehmertum, vom Sport bis zur Musik und Kultur.

Für das eigene Selbstverständnis der Kirche wird gelten können, dass sie sich selbst nicht als Moralagentur oder Wächterin versteht, sondern als eine transmoralische Größe, die einen Begriff von Menschheit und Völkergemeinschaft hat und nicht nur das Wohl der eigenen Religionsgemeinschaft zum obersten Bezugspunkt ihres Handelns und Redens nimmt.

Mit der Konzentration oder gar Reduktion auf Moral und Appelle wird der Eigencharakter des Religiösen verfehlt und die Weite des christlichen Liebesgebotes als einer utopischen und zugleich auf die aktuelle Wirklichkeit bezogenen Religion deutlich unterschritten. Und damit würden die gesellschaftlichen Handlungsmöglichkeiten der Kirchen in einer säkularen Gesellschaft stark reduziert, ja gekappt.

---

[156] Vgl. Christian Albrecht/Reiner Anselm, Differenzierung und Integration, 216.

6. Die Seelsorge und Bildungsarbeit in der Bundespolizei – ein entwicklungsfähiges und gelungenes Modell eines Staat-Kirchen-Verhältnisses

Nach elfjähriger Tätigkeit als Pfarrer in einer Kirchengemeinde sowie nahezu dreizehn Jahren als Superintendent eines Kirchenkreises übernahm ich die Leitung der Dienststelle der Evangelischen Bundespolizeiseelsorge. Insbesondere zu Beginn meines Wirkens im hoheitlichen Bereich erwies sich ein Blick auf die historische Entwicklung dieses Arbeitsfeldes als hilfreich, um dessen spezifische Aufgaben und Herausforderungen angemessen erfassen zu können. Zudem erkannte ich die Notwendigkeit, die rechtlichen Rahmenbedingungen und die Struktur der Dienststelle vertieft zu analysieren, um neue Anforderungen im Arbeitsalltag zu erkennen, zu verstehen und umzusetzen. Auf beide Themenbereiche will ich zunächst näher eingehen. Danach wende ich mich aktuellen Herausforderungen zu.

(i)

1951 wurde der Bundesgrenzschutz ins Leben gerufen, der 2005 in Bundespolizei umbenannt wurde.[157] Bereits ein Jahr nach seiner Gründung entstand die Bundesgrenzschutzseelsorge. Das Grundgesetz der Bundesrepublik Deutschland regelt im Artikel 140, dass es keine Staatskirche gibt. Damit ist jedoch keine strikte Trennung zwischen Staat und Kirche gemeint, vielmehr intendiert das Grundgesetz eine »grundrechtsfördernde Zusammenarbeit«[158] zwischen dem Staat und den Religionsgemeinschaften.

Ein prägnantes Beispiel für diese gewünschte Kooperation ist die sogenannte Anstaltsseelsorge. Das Grundgesetz legt hierzu fest: »Soweit das Bedürfnis nach Gottesdienst und Seelsorge im Heer, in Krankenhäusern, Strafanstalten oder sonstigen öffentlichen Anstalten besteht, sind die Religionsgesellschaften zur Vornahme religiöser Handlungen zuzulassen, wobei jeder Zwang fernzuhalten ist.« (Art. 140 GG i.V.m. Art. 141 WRV)

Damit ist den Religionsgemeinschaften in Deutschland die Möglichkeit eröffnet, in den genannten öffentlichen Einrichtungen Seelsorge und Gottesdienste auf freiwilliger Basis anzubieten. Der Staat selbst ist jedoch nicht

[157] Ich benutze im Folgenden in der Regel die Bezeichnung Bundespolizei, es sei denn, es wird unmittelbar auf den historischen Bundesgrenzschutz Bezug genommen.

[158] Wißmann, Kooperation im öffentlichen Raum – Staat und Kirche im Religionsverfassungsrecht der Bundesrepublik Deutschland, 200. Vgl. auch Heintzen, Die Vereinbarung über die Seelsorge in der Bundespolizei in staatsrechtlicher Perspektive, 60.

verpflichtet, aktiv für die Durchführung der sogenannten Anstaltsseelsorge zu sorgen. Auch können Polizeivollzugsbeamtinnen und -beamte keinen individuellen Anspruch auf Seelsorge gegenüber dem Staat geltend machen.[159] Bemerkenswert ist der Umstand, dass nicht die Kirchen selbst initiativ wurden und ihr verfassungsmäßig garantiertes Recht auf Seelsorge im Bundesgrenzschutz einforderten, sondern der Impuls vom Staat ausging, der gezielt an die beiden großen christlichen Kirchen in Deutschland herantrat. Diese reagierten zunächst zurückhaltend.[160] Es herrschte die Ansicht vor, die religiöse Betreuung der Bundesgrenzschutzbeamten könne durch die bestehenden Kirchengemeinden ausreichend gewährleistet werden. Doch diese Annahme erwies sich angesichts der besonderen Struktur des Bundesgrenzschutzes als nicht tragfähig: Die militärähnliche Organisationsform mit kasernierter Unterbringung machte eine eigenständige, spezifisch auf die Bedürfnisse des BGS zugeschnittene Seelsorge erforderlich.

Das Bundesinnenministerium verfolgte in den Anfangsjahren der Bundesrepublik insbesondere das Ziel, den Angehörigen des Bundesgrenzschutzes ein stabiles ethisch-moralisches Fundament zu vermitteln. Diese Bemühung war eine Reaktion auf die Erfahrungen der NS-Diktatur und sollte einer erneuten Umwertung gesellschaftlicher Werte wirksam entgegensteuern. Für diese Aufgabe galten Theologen besonders geeignet, weil von den Kirchen die Kraft für eine moralische Erneuerung erhofft wurde.

Am Beginn der Bundespolizeiseelsorge steht also weniger ein kirchliches Anliegen als vielmehr die Bitte des Staates an die Kirche um eine Dienstleistung. Diese Bitte zielte darauf ab, dass die Kirchen öffentliche Verantwortung übernehmen und aktiv am Aufbau eines demokratischen Gemeinwesens mitwirken, auch jenseits der traditionellen Kirchengemeinden.

Für meine berufliche Tätigkeit in der Bundespolizei hat sich diese Erkenntnis als prägend erwiesen und beeinflusste nachhaltig mein Verständnis von der Rolle kirchlicher Seelsorge in diesem staatlichen Kontext.

Die Seelsorgearbeit im Bundesgrenzschutz wurde zunächst über mehr als ein Jahrzehnt pragmatisch und weitgehend ohne vertragliche Regelungen durchgeführt. In den Anfangsjahren existierten nicht einmal Dienstanweisungen; stattdessen erfolgten die Absprachen flexibel und bedarfsorientiert. Auch hier nahm ich ein Merkmal wahr, das die Zusammenarbeit von Kirche (vertreten durch die Bundespolizeiseelsorge) und dem Staat auch viele Jahrzehnte später in

159 Waldhoff, Die rechtlichen Grundlagen der Seelsorge in der Bundespolizei, 46.

160 Vgl. zu den folgenden Ausführungen: Wessel Nuyken, Die Entwicklung der Grenzschutzseelsorge aus ihren ersten Anfängen bis heute, in: Der Dienst der Evangelischen Seelsorge im Bundesgrenzschutz 1954–1978, hrsg. vom Beauftragten für die Evangelische Seelsorge im Bundesgrenzschutz (Melsungen: A. Bernecker Verlag, o.J.), 11–19.

diesem Arbeitsfeld noch prägt: Ihre Kooperation war und ist getragen von großer Offenheit, Ehrlichkeit und einem tiefen gegenseitigen Vertrauensverhältnis.

Auf der Basis der im Verlauf von 13 Jahren gesammelten Praxiserfahrungen wurden im Jahr 1965 jeweils mit den katholischen Bischöfen der Bundesrepublik sowie mit sechs evangelischen Landeskirchen – deren Zuständigkeitsbereiche entlang der damaligen innerdeutschen Grenze lagen – gesonderte Vereinbarungen über die Durchführung der Seelsorge im Bundesgrenzschutz geschlossen. Zuvor entstandene Differenzen wurden geklärt. Die Inhalte dieser Verträge sind weitgehend identisch.

Es spricht für das erwähnte Vertrauensverhältnis, dass diese Vereinbarungen bis heute nahezu unverändert die Grundlage der Bundespolizeiseelsorge bilden.

Zu Beginn der 2000er-Jahre zeichnete sich aufseiten der evangelischen Kirchen eine signifikante Weiterentwicklung ab, die auch auf positive Resonanz beim Bundesinnenministerium stieß. Mit der Änderung der Grundordnung der Evangelischen Kirche in Deutschland (EKD) im Artikel 18 wurde die evangelische Seelsorge im Bundesgrenzschutz (Bundespolizei) im Jahr 2004 als Gemeinschaftsaufgabe der EKD und ihrer Gliedkirchen festgelegt. Das am 1. August 2005 in Kraft getretene Kirchengesetz zur Regelung der evangelischen Seelsorge in der Bundespolizei überführte die bestehenden vertraglichen Absprachen aus dem Jahr 1965 in verbindliches gesamtkirchliches Recht.

Diese Neuregelung stellte eine bedeutende Erleichterung in der bewährten Zusammenarbeit zwischen Staat und den evangelischen Kirchen dar. Anstelle einer Vielzahl von Vertragspartnern auf kirchlicher Seite existierte nun für den Staat nur noch ein zentraler Ansprechpartner: die Evangelische Kirche in Deutschland (EKD).

(ii)

Mit dem Wechsel zur Bundespolizei wurde ich von meiner Landeskirche für den Dienst als evangelischer Dekan der Bundespolizei freigestellt und trat befristet in ein staatliches Dienstverhältnis ein. Dies gilt entsprechend für alle Bundespolizeipfarrerinnen und -pfarrer. Die Bindung an die Weisungen der Vorgesetzten ihrer Gliedkirchen ruht während der Amtsdauer in der Bundespolizei. Mir war als evangelischer Dekan der Bundespolizei die Dienstaufsicht über die evangelischen Bundespolizeipfarrerinnen und -pfarrer übertragen. Die speziell kirchliche Dienstaufsicht wird von einem Beauftragten des Rates der Evangelischen Kirche in Deutschland (EKD) im Nebenamt wahrgenommen. Auf seinen Vorschlag wird der Dekan vom Bundesinnenminister bestellt. Während der Dekan in kirchlichen Angelegenheiten dem Beauftragten des Rates der EKD gegenüber weisungsgebunden ist, ist er in bundespolizeilichen Angelegenheiten den Weisungen des Bundesministers des Innern unterstellt.

Die erwähnte Vereinbarung über die Seelsorge in der Bundespolizei bildet den rechtlichen Rahmen für die Aufgaben der Bundespolizeiseelsorge. Ich habe in der Praxis erfahren können, dass die Vereinbarung einerseits die Wahrung der Unabhängigkeit im kirchlich religiösen Aufgabenbereich ermöglicht, andererseits die Einbindung der Bundespolizeiseelsorge in den staatlichen Dienstbetrieb, was eine verantwortungsvolle Wahrnehmung gemeinsamer Aufgaben zum Wohle der Mitarbeitenden der Bundespolizei gewährleistet.

Die Vereinbarung regelt zentrale Punkte wie die organisatorische Struktur, Einstellungsvoraussetzungen und das Anstellungsverhältnis ebenso wie die Finanzierung der Personal- und Sachkosten durch den Staat[161] und die »Mitwirkung bei der berufsethischen Erziehung«. Sie regelt sehr präzise die zugewandte Kooperation (s. S. 99) von Kirche und Staat. In meiner Amtszeit habe ich von staatlicher Seite in dieser Hinsicht eine ausgeprägte Sensibilität wahrgenommen.

Die Vereinbarung definiert als die zentralen Aufgaben der Bundespolizeiseelsorge den Dienst an Wort und Sakrament, die Durchführung kirchlicher Amtshandlungen sowie die individuelle Seelsorge an den Polizeivollzugsbeamten der Bundespolizei. Es ist geregelt, dass die Bundespolizeibeamten während ihrer Dienstzeit Gelegenheit zu seelsorglichen Gesprächen mit den Grenzschutzpfarrern erhalten. Darüber hinaus sieht die Vereinbarung ausdrücklich vor, Zeit für die Auseinandersetzung mit religiösen und weltanschaulichen Fragen sowie für die Teilnahme an Gottesdiensten bereitzustellen. Zu diesen Angeboten zählen Rüsttage, Werkwochen sowie weitere Tagungen, für die pro Kalenderjahr bis zu sechs Arbeitstage Sonderurlaub unter Fortzahlung der Bezüge gewährt werden können. Diese Sonderurlaube werden dabei nicht auf den regulären Erholungsurlaub angerechnet.

Neben der Seelsorge gehört die Erteilung von berufsethischem Unterricht zu den Aufgaben der Bundespolizeipfarrerinnen und -pfarrer.

In der Vereinbarung wird explizit zwischen Seelsorge und berufsethischem Unterricht unterschieden. Der berufsethische Unterricht kann schon deshalb keine seelsorgliche Tätigkeit sein, da es sich um eine Pflichtveranstaltung im Rahmen der staatlichen Aufsicht handelt, deren Inhalte durch die zuständigen Stellen der Bundespolizei festgelegt werden. Demgegenüber bleibt die Seelsorge ein Angebot, das auf strikter Freiwilligkeit basiert und nicht der Weisungsbefugnis staatlicher Stellen unterliegt. Der berufsethische Unterricht bezieht sich sowohl auf die Aus- als auch auf die Fortbildung.

---

161 Die Bundesrepublik trägt den größten Teil der Kosten. Die Kirchen haben sich bereiterklärt, mit einem jährlichen Zuschuss zusätzliche kirchliche Angebote zu finanzieren.

Das Jubiläum zum 50. Jahrestag der Vereinbarung über die Seelsorge in der Bundespolizei bot einen geeigneten Anlass, eine umfassende Analyse zur Bundespolizeiseelsorge vorzunehmen.[162] Dabei wurden historische, rechtliche, kirchenrechtliche, politische sowie theologische Aspekte in den Blick genommen. Die Untersuchungen bestätigten nicht nur die rechtliche Stabilität und Akzeptanz der Vereinbarung durch Juristen, Vertreter der Politik und der Bundespolizei, sondern machten auch auf wesentliche Veränderungen in der verfassungsrechtlichen Grundlage der Bundespolizeiseelsorge aufmerksam, die im Laufe der Zeit erfolgt sind.

Die Neuorganisation des Bundesgrenzschutzes zum 1. Januar 1998 brachte eine deutliche Verlagerung hin zum Einzeldienst und führte nahezu vollständig zur Auflösung der gemeinschaftlichen, kasernierten Unterbringung. Bereits 1994 war zudem der sogenannte Kombattantenstatus[163] aufgehoben worden. Die kasernierte Unterbringung aber hatte zu einer Einschränkung des Rechts der Polizeivollzugsbeamten auf freie Religionsausübung geführt und galt deshalb als zentrales Argument für die verfassungsrechtliche Legitimation eines Anspruchs der Kirchen, in der Bundespolizei eine eigene Seelsorge auszuüben.

Mit dem Wegfall der kasernierten Unterbringung entfiel diese primäre Einschränkung. Infolgedessen ist eine Berufung auf Art. 140 Grundgesetz i.V.m. Art. 141 der Weimarer Reichsverfassung zur verfassungsrechtlichen Begründung der Bundespolizeiseelsorge aus heutiger Sicht kaum noch tragfähig.

Für die Bundespolizeiseelsorge waren diese veränderten Rahmenbedingungen nicht zu einem drängenden Thema geworden. Nach der Wiedervereinigung stellte sich zwar kurzzeitig die Frage, inwiefern kirchliche Seelsorge im Bundesgrenzschutz auch bei Mitarbeitenden aus der ehemaligen DDR, die in einem anderen gesellschaftlichen Kontext aufgewachsen und weitgehend areligiös sozialisiert waren, auf Akzeptanz stoßen würde. Diese Bedenken erwiesen sich jedoch rasch als unbegründet. So bemerkt der ehemalige Präsident der Bundespolizeidirektion Hannover, Thomas Osterroth: »Natürlich war es nicht das ›Stück Papier‹, auf dem die Vereinbarung stand, sondern vielmehr das Handeln der Seelsorger, die Wege gefunden hatten, die Seelsorge unabhängig von einer religiösen oder weltanschaulichen Ausrichtung der Beschäftigten auch in den Dienststellen in der ehemaligen DDR zu etablieren.«[164] Größere Schwierigkeiten traten nicht zutage – im Gegenteil: Die Bundespolizeiseelsorge

162 Blanke u. a., 50 Jahre Seelsorgevereinbarung in Bundesgrenzschutz und Bundespolizei.

163 Kombattanten sind, im Gegensatz zu Zivilisten, die zu Kriegshandlungen berechtigten Personen im Sinne des Völkerrechts, die damit unter die völkerrechtlichen Regeln für bewaffnete kriegerische Konflikte fallen.

164 Blanke u. a., 50 Jahre Seelsorgevereinbarung in Bundesgrenzschutz und Bundespolizei, 191.

leistete einen anerkannten Beitrag zur Integration der neuen Kolleginnen und Kollegen aus den östlichen Bundesländern.

Staatlicherseits wurde die Notwendigkeit und Sinnhaftigkeit der Bundespolizeiseelsorge zu keinem Zeitpunkt grundsätzlich in Frage gestellt – auch nicht, nachdem die Möglichkeit weggefallen war, die Bundespolizeiseelsorge unter Berufung auf Artikel 140 GG zu begründen. Dies war und ist auch aus juristischer Perspektive nicht notwendig. Unabhängig vom grundgesetzlich verbrieften Anspruch der Religionsgemeinschaften auf Seelsorge in öffentlichen Institutionen kann der Staat im Rahmen einer Kooperation mit diesen Gemeinschaften spezifische Formen der Seelsorge nach eigenem Ermessen einrichten. Ohne diese Kooperation allerdings darf der Staat aufgrund seiner weltanschaulichen Neutralität keine religiöse Seelsorge anbieten. Entscheidend dafür bleibt, dass die Kirchen ihre Bereitschaft aufrechterhalten, öffentliche Verantwortung für die Aufgabenerfüllung der Bundespolizei zu übernehmen.

(iii)

Der Staat erhielt seine Bitte an die Kirchen aufrecht, in der Bundespolizei öffentliche Verantwortung zu übernehmen. Ohne rechtlich dazu verpflichtet zu sein, wünschte er von den Kirchen die Dienstleistung der Seelsorge und der »Mitwirkung bei der berufsethischen Erziehung«.

Meine Aufgabe sah ich nun darin, diese Dienstleistung gemeinsam mit den staatlichen Stellen unter gegenwärtigen Bedingungen präzise zu definieren und mit den Bundespolizeipfarrerinnen und -pfarrern abzustimmen.

Über viele Jahrzehnte konnte die Bundesgrenzschutzseelsorge als verfassungsmäßig verbriefte Möglichkeit verstanden werden, kirchengemeindliche Angebote direkt zu den Bundesgrenzschutzbeamten zu bringen, die in Gemeinschaftsunterkünften untergebracht waren und externen Zugang zu religiösen Angeboten nur eingeschränkt hatten. Die Auswahl der Themen sowie deren Anpassung an die spezifischen Bedürfnisse der Zielgruppe lagen weitgehend in Händen der Grenzschutzpfarrer. Die Entscheidung darüber, welche religiösen Inhalte vermittelt werden sollten, blieb ihnen überlassen, da sie am besten einschätzen konnten, was für ihre Zielgruppe aus kirchlicher Sicht relevant war.

Hier wurde nach meiner Einschätzung ein grundlegender Perspektivwechsel erforderlich, da es nun an erster Stelle um die Bedarfe der Bundespolizei ging und nicht mehr um ein Recht der Kirchen. Wichtig wurde für mich, die Frage zu stellen: Welche Kompetenzen und Angebote der kirchlichen Seelsorge sind für die Bundespolizei tatsächlich wichtig, um die Bundespolizistinnen und Bundespolizisten bei ihrem Auftrag zur Gewährleistung der inneren Sicherheit zu unterstützen?

Im Folgenden sollen zwei beispielhafte Antworten zitiert werden. Ein Bundespolizeibeamter betonte: »Für die Seelsorge gilt das Beichtgeheimnis. Wenn ich Redebedarf habe, kann ich darauf vertrauen, dass das, was ich unter vier Augen mit dem Pfarrer bespreche, beim Pfarrer bleibt.« Ein anderer Beamter, zugleich auch in der Gewerkschaft in führender Funktion aktiv, führte aus: »Wenn ein Polizist glaubt, einen Fehler gemacht zu haben, und zunächst für sich klären muss, in welcher Lage er sich befindet, mit wem soll er dann sprechen, wenn nicht mit dem Bundespolizeipfarrer? Mit einem Kollegen ist das oft nicht möglich.« Der Hintergrund dieser Aussage ist, dass die Seelsorge ein religiöses Angebot darstellt und dem besonderen Schutz sowohl staatlicher als auch kirchlicher Gesetze unterliegt: Selbst die ratsuchende Person kann eine Bundespolizeipfarrerin bzw. einen Bundespolizeipfarrer nicht von der auferlegten Schweigepflicht entbinden, sofern diese ausdrücklich vereinbart wurde. Diese strikte Vertraulichkeit bildet die Grundlage für das Vertrauensverhältnis zwischen Seelsorgenden und Ratsuchenden und trägt maßgeblich zur Akzeptanz und Wirksamkeit der Seelsorge innerhalb der Bundespolizei bei.

Die Bundesrepublik Deutschland stellt diesen besonders geschützten Gesprächs- und Beratungsraum ihren Bundespolizeibeamtinnen und -beamten zur Verfügung, indem sie die Seelsorge als kirchliche Dienstleistung »einkauft«. Zentrale Motivation hierfür dürfte die hohe psychische und physische Belastung sein, der die Polizeibeamten in der Bundespolizei aufgrund ihres dienstlichen Alltags ausgesetzt sind. Aus diesem Umstand resultiert ein erhöhter Bedarf an vertraulichen Gesprächsangeboten. Kolleginnen und Kollegen als Gesprächspartner kommen selten infrage, da sie durch gesetzliche Bestimmungen verpflichtet sind, bei Verdacht auf strafbares Verhalten Meldung zu erstatten und gegebenenfalls Ermittlungen einzuleiten – auch gegen Mitglieder der eigenen Dienststelle. Die kirchliche Polizeiseelsorge eröffnet hingegen einen geschützten Raum, in dem sich Beamtinnen und Beamte offen und ohne Angst vor dienstlichen Konsequenzen an eine im Polizeialltag erfahrene Vertrauensperson wenden können. Die Bundespolizeipfarrerinnen und -pfarrer sind nicht in dienstliche Verfahren oder Entscheidungsprozesse involviert, die die Karriere der ratsuchenden Personen betreffen könnten. Dies unterscheidet sie beispielsweise von Psychologinnen, die in der Bundespolizei tätig sind. So bleibt die Seelsorge ein eigenständiges, besonders geschütztes Angebot, das den spezifischen Anforderungen und Belastungen des Polizeiberufs gerecht wird.

Im Bewusstsein der Bundespolizeibeamtinnen und Bundespolizeibeamten ist dieses besondere Merkmal der Seelsorge fest verankert und wird systematisch bereits in der Ausbildung vermittelt. Es prägt das spezifische Profil der Bundespolizeiseelsorge.

Zu diesem Selbstverständnis gehört selbstverständlich, dass die seelsorgerliche Dienstleistung – ungeachtet ihrer freiwilligen Inanspruchnahme – grundsätzlich allen Bundespolizistinnen und Bundespolizisten offensteht. Die

Zugehörigkeit – und auch Nichtzugehörigkeit – zu einer bestimmten Religion oder Konfession spielt keine Rolle; vielmehr zählen die individuelle Bedarfslage und das Vertrauen in eine professionelle, verschwiegen agierende Beratung.

Das staatliche Anliegen, eine Bundespolizeiseelsorge aufrechtzuerhalten, reflektiert zudem die Verantwortung, den Anforderungen einer pluralistischen und demokratischen Gesellschaft gerecht zu werden. Gerade in einer Organisation wie der Bundespolizei, die unter besonderen Belastungen und Rahmenbedingungen arbeitet, ist die Bereitstellung auch eines religiösen Beratungs- und Orientierungsangebots ein Ausdruck dieser Verantwortung. Die Kooperation der Kirchen in diesem Bereich würdigt mit ihrem Beitrag auch, dass der Staat diese Verantwortung wahrnimmt.

Gelingen kann diese partnerschaftliche Zusammenarbeit zwischen Kirche und Staat, wenn Bundespolizeipfarrerinnen und -pfarrer den weltanschaulichen und religiösen Überzeugungen der Ratsuchenden mit höchstem Respekt und größtmöglicher Sensibilität begegnen. Jegliche Form missionarischen Werbens, sei es zur Stärkung der eigenen Kirche oder zur Förderung des Christentums im Allgemeinen, bleibt dabei ausgeschlossen. Die bewusste Achtung pluraler Lebensentwürfe sowie der Verzicht auf moralische oder religiöse Absolutheitsansprüche bilden eine untrennbare Einheit und sind grundlegende Prinzipien des seelsorgerlichen Handelns in der Bundespolizei.

Zur Bandbreite der Seelsorgeleistungen zählt neben der individuellen Begleitung auch die Bereitstellung religiöser Angebote, etwa Gottesdienste, kirchliche Tagungen und themenspezifische Seminare (s. S. 102). Über lange Zeit reichte es aus, mit diesen Angeboten Gelegenheiten zur Verfügung zu stellen, um über Themen zu reflektieren, die sonst im Berufsalltag keinen Platz finden, und um die Gemeinschaft und den Zusammenhalt zu fördern.

Die durch die veränderte Rechtslage bedingte stärkere Bedarfsorientierung der Bundespolizeiseelsorge wurde nach meiner Einschätzung in den 2010er Jahren zusätzlich akzentuiert. Die zunehmende Bedrohung durch Extremismus und islamistischen Terrorismus sowie die verstärkte Migration führten zwischen 2016 und 2018 zur Verabschiedung der sogenannten Sicherheitspakete I bis III im Deutschen Bundestag. Infolgedessen erfuhr die Bundespolizei einen erheblichen personellen Zuwachs. Bis zum Jahr 2025 wurden rund 26.000 Nachwuchskräfte ausgebildet und in den Dienst integriert.

Durch die verstärkten Einsätze an den Landesgrenzen und die intensive Ausbildung, die zu einem großen Teil von erfahrenen Kräften der Bundespolizei selbst durchgeführt wird, nahm die Arbeitsbelastung spürbar zu. Es ist leicht einsehbar, dass unter diesen Bedingungen die Gewährung von Sonderurlaub für Angebote der Bundespolizeiseelsorge wesentlich kritischer geprüft werden musste. Hieraus ergab sich für mich die Aufgabe, gemeinsam mit den Bundespolizeipfarrerinnen und Bundespolizeipfarrern die Entwicklung und Implementierung eines strukturierten Bedarfsabfrage- und Abstimmungsprozesses mit den verschiedenen Leitungsebenen der Behörde voranzutreiben. Die Neuartigkeit dieses Ansatzes zeigte sich exemplarisch in einem Gespräch mit Verantwortlichen der Bundespolizei. Als ich vorschlug, die tatsächlichen Bedarfe der Bundespolizei aktiv abzufragen, reagierte man überrascht: »Sie meinen wirklich, wir dürfen sagen, was wir brauchen?«

Themen wie »Abendland und abendländische Werte«, »Gewalt und Migration«, »Beruf und Berufung im Spiegel der Reformation«, »Meditation«, »Führen mit Werten« sowie »Das Fremde und das Eigene« wurden abgesprochen. Ein weiteres Beispiel ist das speziell entwickelte Modul »Atempause«, das als abrufbare seelsorgerische Maßnahme zur Nachbereitung komplexer und belastender Einsatzsituationen dient – etwa nach belastenden Einsätzen im Rahmen der Migration oder nach gewalttätigen Demonstrationen. Zentrale Bestandteile der »Atempause« sind ein strukturiert geführtes Gruppengespräch, die Möglichkeit zu vertraulichen Einzelgesprächen und gezielte Angebote zur Bewältigung von Stress.

Auch wurde ein spezielles Angebot für die Mitglieder der oberen Führungsebene des Bundespolizeipräsidiums, der Bundespolizeidirektionen sowie der zuständigen Abteilung im Bundesinnenministerium geschaffen. In einem vertraulichen Rahmen wurde hier die Möglichkeit geboten, aktuelle und kontroverse gesellschaftliche Fragen mit Bezug zur Bundespolizei gemeinsam mit einer externen, renommierten Fachperson zu erörtern und zu diskutieren. Ziel dieser Veranstaltung war es, gegenseitiges Verständnis zu fördern und unterschiedliche Perspektiven einzubeziehen. Zu den eingeladenen Referierenden zählten beispielsweise der Präsident des Deutschen Bundestages, ein ehemaliger Richter am Bundesverfassungsgericht sowie ein durch die Medien bekannter Journalist und Terrorexperte der ARD.

Von den unterschiedlichen Gottesdienstangeboten will ich hier beispielhaft die Unterstützung nach schweren Unfällen nennen. Am 15. Februar 2015 stürzte während einer Übung ein Hubschrauber der Bundespolizei ab. Zwei Besatzungsmitglieder kamen dabei ums Leben, ein weiteres wurde schwer verletzt ins Krankenhaus eingeliefert. Die unmittelbare Betreuung der Kolleginnen und Kollegen vor Ort sowie die Organisation der Überbringung der Todesnachrichten übernahm der zuständige Bundespolizeipfarrer. Acht Tage später fand in der Fliegerstaffel ein Trauergottesdienst statt. Im Unterschied zu regulären Gemeindegottesdiensten steht hierbei nicht primär das individuelle religiöse Bedürfnis im Vordergrund. Vielmehr kommt dem Bundespolizeipfarrer eine öffentliche Verantwortung zu: Er vermittelt durch religiöse Worte und Rituale Ausdrucksmöglichkeiten, die helfen, auch ein Scheitern an der Aufgabe, Schutz und Sicherheit zu gewährleisten, zu verarbeiten.[165] In dieser Funktion

---

[165] Vgl. Habermas, Zwischen Naturalismus und Religion, 115. Habermas, Texte und Kontexte, 125.: »Unter den Bedingungen nachmetaphysischen Denkens kann die

agiert der Bundespolizeipfarrer nicht nur als Vertreter seiner Kirche, sondern repräsentiert in unserem pluralen, säkularen Staat die Vielfalt religiöser Überzeugungen. Damit trägt er dazu bei, die Funktionsfähigkeit einer Sicherheitsbehörde auf hohem Niveau zu sichern.

Zu den Aufgaben der Bundespolizeipfarrerinnen und -pfarrer zählt, wie schon erwähnt, neben der seelsorgerlichen Begleitung auch die Durchführung des berufsethischen Unterrichts. Dieser zählt nicht zu den religiösen Angeboten und erfolgt auf Grundlage staatlicher Vorgaben und unterliegt der Aufsicht durch staatliche Stellen. Die Vereinbarungen über die Seelsorge im Bundesgrenzschutz stellen fest, dass die »berufsethische Erziehung« als Teil der umfassenden polizeilichen Erziehung zu verstehen ist. Sie basiert auf den »Grundsätzen christlicher Lebensführung« (§ 7).

Das Konzept der »christlichen Lebensführung« ist hierbei nicht als Vermittlung religiöser Frömmigkeit oder spezifisch christlicher Moralvorstellungen zu interpretieren. Vielmehr wurde es in den 1950er Jahren als bewusster Gegenentwurf zu den totalitären und rassistischen Ideologien des Nationalsozialismus entwickelt und orientiert sich an den grundlegenden Werten des Christentums und des Humanismus.

Im Laufe der Zeit haben sich die berufsethischen Bedarfe der Bundespolizei gewandelt, in jüngerer Zeit besonders angesichts neuer Herausforderungen wie dem islamistischen Terrorismus und der Zunahme der Migration nach Deutschland. Darauf habe ich schon hingewiesen. Die Bundespolizei bildet ihr Personal mittlerweile gezielt für Einsatzlagen aus, die früher ausschließlich Spezialeinheiten vorbehalten waren. Dadurch entstehen neue komplexe ethische Fragestellungen, die eine fundierte ethische Reflexion notwendig machen.

Wenn Theologinnen und Theologen den berufsethischen Unterricht gestalten, ist von der Erwartung des Staates auszugehen, dass sie auch die Perspektive der christlichen Ethik einbringen. Diese Erwartung wird plausibel, wenn die Einbindung religiöser Sichtweisen als Beitrag zur Pluralität verstanden wird, die für das Funktionieren einer freien Gesellschaft unverzichtbar ist. Gerade eine protestantische Ethik kann diesem Anspruch gerecht werden, da sie Glaube nicht als Sonderwissen mit allgemeingültigen Handlungsanweisungen auffasst, sondern als eigenständige Perspektive, die die ethische Diskussion bereichert. Ziel ist es, eine Lebensführung zu fördern, die individuell verantwortet und im Dialog mit anderen reflektiert wird.

Zusammenfassend lässt sich zum berufsethischen Unterricht sagen:

Philosophie den Trost nicht ersetzen, mit dem die Religion das unvermeidliche Leid und das nicht-gesühnte Unrecht, die Kontingenzen von Not, Einsamkeit, Krankheit und Tod in ein anderes Licht rückt und ertragen lehrt.«

- Auch wenn Polizeibeamtinnen und Polizeibeamten in ihrem Dienst stets an das geltende Gesetz gebunden sind, wodurch Aufgaben und Befugnisse stark normiert werden, sind sie eigenverantwortlich handelnde Personen.
- Für Polizeivollzugsbeamtinnen und Polizeivollzugsbeamte ist es daher wesentlich, sich mit den Grundlagen des eigenen Berufes auseinanderzusetzen und ein reflektiertes Berufs- und Selbstverständnis zu entwickeln.
- Ebenso ist die Fähigkeit, ethische Konfliktfelder zu erkennen, zu analysieren und Lösungswege zu entwickeln, zentral.
- Der berufsethische Unterricht fördert diese Kompetenzen, indem praxisnahe Situationen aus dem Berufsalltag reflektiert und verwendet werden, um ethische Kompetenz zu trainieren.
- Trainiert wird, ethische Konfliktfelder, die mit der Berufsausübung entstehen, erkennen zu können, sie artikulieren zu können und Kriterien und Verfahren der Bewältigung entwickeln zu können und diese in ihrem beruflichen Umfeld und auch außerhalb desselben vertreten und verantworten zu können.

(iv)

Die Bundespolizeiseelsorge illustriert eindrucksvoll, über welch weitreichende Möglichkeiten die Evangelische Kirche verfügt, um öffentliche Verantwortung aktiv mitzugestalten. Ich will noch einmal hervorheben, dass die Kooperation zwischen Staat und Kirche im Fall der Bundespolizeiseelsorge ausdrücklich vom Staat gewünscht wird - und das, obwohl es keinen rechtlich verankerten kirchlichen Anspruch darauf gibt.

Gerade am Beispiel der Seelsorge in der Bundespolizei wird deutlich, wie Kirche als kompetente Partnerin des Staates auftreten und mit ihren Überzeugungsressourcen einen Beitrag leisten kann, die Sicherheit im Land zu schützen und zu erhalten. So kann sie dazu beitragen, die Freiheit zu stärken, die für eine demokratische Gesellschaft unverzichtbar ist.

Ein konstruktiver Beitrag der Kirche kann gelingen, wenn sie sich als kompetente und verlässliche Partnerin des demokratischen Staates versteht. Die hohe Akzeptanz der Bundespolizeiseelsorge innerhalb der Bundespolizei beruht nach meinen Beobachtungen unter anderem darauf, dass sie als loyale und kritisch-reflektierende Gesprächspartnerin gefragt und geschätzt ist. Auf höchster Führungsebene gab man mir in einem Gespräch zu diesem Thema zu verstehen, dass zu Bundespolizeipfarrerinnen und -pfarrern keine unterwürfige Meinungsübernahme passe: Die höchste Form der Loyalität bestehe darin, im vertraulichen Gespräch auch offene und schonungslose Kritik zu üben.

Nicht gefragt aber ist die Bundespolizeiseelsorge, wenn sie sich als das »demokratisches Gewissen« der Bundespolizei versteht und entsprechend auftritt. Sie ist nicht die Wächterin über die Menschenrechte und über ein in der Bundespolizei geltendes Berufsethos. Eine solche Selbstüberschätzung ihrer Rolle würde zu einer Marginalisierung der Bundespolizeiseelsorge führen.

Die Ausübung eines Wächteramts im beschriebenen Sinn wäre innerhalb der Bundespolizei nicht nachvollziehbar, da es nur als ein grundsätzliches Misstrauen gegenüber der Verfassungstreue der Bundespolizeibeamtinnen und -beamten aufgefasst werden kann, die schon berufsbedingt eng mit demokratischen Werten und Menschenrechten verbunden sind und für deren Schutz oft unter Einsatz der eigenen Gesundheit und ihres Lebens eintreten. Die Bundespolizei braucht ein Wächteramt der Kirchen nicht und hat längst eigene, wirksame Kontrollinstrumente für mögliche Fehlentwicklungen eingerichtet. Ein missverstandenes Wächteramt verkennt somit die Möglichkeiten vollständig, die der Protestantismus im öffentlichen Raum besitzt.

Der Beitrag der Kirche zur Unterstützung einer freiheitlichen, liberalen sowie rechts- und sozialstaatlich geprägten Demokratie kann gelingen, sofern die Kirchen – wie es am Beispiel der Bundespolizei zu beobachten ist – ihre seelsorgerlichen Kompetenzen auch im staatlichen Kontext einbringen und ebenso bereit sind, Bildungsverantwortung zu übernehmen. Das erfolgreiche Wirken der protestantischen Kirchen in dieser Hinsicht setzt jedoch voraus, dass sie die Vielfalt der Meinungen und Lebensformen in einer offenen Demokratie anerkennen, damit ihre Überzeugungsressourcen als Beitrag zum gesellschaftlichen Diskurs verstehen und auf religiöse, moralische oder politische Absolutheitsansprüche konsequent verzichten.

Zentral ist dabei, dass die Kirche das für das Christentum grundlegende Prinzip der Versöhnung einbringt, um das Verbindende in den Vordergrund zu stellen und dadurch gesellschaftlichen Zusammenhalt aktiv zu fördern. In der Praxis zeigt sich dies beispielsweise in der Bundespolizeiseelsorge, die allen Bundespolizistinnen und Bundespolizisten gleichermaßen offensteht und ausdrücklich jeden missionarischen Anschein vermeidet. Ebenso findet dies Ausdruck in der berufsethischen Unterrichtung, in der Theologinnen und Theologen nicht als Morallehrer auftreten, die vermeintlich zeitlose Werte vermitteln, sondern vielmehr das Ziel verfolgen, Menschen zu befähigen, selbstverantwortete und begründete ethische Entscheidungen zu treffen sowie andere, begründete, verantwortete ethische Positionen als gleichberechtigt zu akzeptieren.

Wenn man unter Volkskirchlichkeit ein zentrales Merkmal des Protestantismus versteht und berücksichtigt, dass sich diese heute nicht mehr ausschließlich über die Anzahl der Kirchenmitglieder definieren kann, liegt die Folgerung nahe, dass die Arbeit der Bundespolizeiseelsorge eine bedeutsame Form moderner Volkskirchlichkeit darstellt. Sie demonstriert, wie der Protestantismus auch jenseits traditioneller Gemeindegrenzen in der Gesellschaft präsent und wirksam bleibt.

Kapitel V
Thesen zur öffentlichen Rolle der Evangelischen Kirche

Der Öffentlichkeitscharakter des Protestantismus

These1: Der Protestantismus nimmt seinen Ausgangspunkt bei der religiösen Eigenverantwortung des Einzelnen und betont damit die besondere Bedeutung des Individuums. Die Gestaltung des Glaubens wird als persönliche Aufgabe verstanden, seinen Glauben eigenständig und selbstbestimmt zu leben.

These 2: Eigenverantwortung im Protestantismus beschränkt sich nicht auf das persönliche Glaubensleben, sondern fordert dazu auf, den Glauben im gesellschaftlichen und politischen Kontext zur Geltung zu bringen.

These 3: Protestantischer Glaube bedeutet keine Rückkehr in reine Innerlichkeit oder abgeschlossene Kirchlichkeit, sondern schließt die aktive Mitgestaltung des Gemeinwesens wesensmäßig ein.

These 4: Den protestantischen Glauben im Bereich des Politischen zur Geltung zu bringen, zielt darauf ab, das Verbindende in einer Gesellschaft zu stärken. Nur auf dieser Basis kann ein offener und freiheitlicher Diskurs über gesellschaftliche Konflikte und Orientierungsfragen gelingen.

These 5: Die Verantwortung, den protestantischen Glauben im Bereich des Politischen zur Geltung zu bringen, umfasst die Anerkennung, dass das Politische eigenen Gesetzmäßigkeiten, Zielen und Zwängen folgt. Diese sind nicht unmittelbar aus anderen Bereichen wie Moral oder Theologie ableitbar, sondern besitzen eine autonome Logik.

These 6: Der protestantische Glaube stellt sich sowohl gegen eine Überhöhung des Politischen und gegen die Behauptung der Alternativlosigkeit politischer Entscheidungen als auch gegen eine religiöse Bevormundung der Politik. Er lehnt daher Forderungen und Positionen ab, die dem öffentlichen Diskurs entzogen werden sollen.

These 7: Die Evangelische Kirche versteht sich als Teil einer pluralen Gesellschaft. Nur auf Basis der grundsätzlichen Anerkenntnis der Pluralität von Überzeugungen, Weltanschauungen und Religionen wird die Evangelische Kirche in aller Freiheit und Entschiedenheit wirken und sprechen können.

Glaube und Religion stellen eine bedeutsame Option dar, sind jedoch keine Instanz mit moralischer oder sonstiger Aufsichtsfunktion über die Gesellschaft.

These 8: Das Liebesgebot Jesu und seine Botschaft vom kommenden Gottesreich sind im Verständnis des evangelischen Glaubens universal zu verstehen. Sie sind ein supramoralisches Prinzip, eignen sich also nicht als moralische Regeln und taugen nicht zur Aufladung konkreter politischer Forderungen mit moralischer Autorität.

These 9: Die Evangelische Kirche trägt Verantwortung, den in Schrift und Bekenntnis gegründeten protestantischen Glauben im politischen Diskurs sichtbar und diskussionswürdig zu machen. Das gelingt nur, wenn sie ihre Beiträge als gleichberechtigte und offen diskutierbare Positionen in gesellschaftlichen und politischen Debatten einbringt.

These 10: Die Evangelische Kirche versteht sich nicht als übergeordnete Kontrollinstanz, sondern als kompetente Partnerin des demokratischen Staates. Mit ihren religiösen und ethischen Kompetenzen kann sie staatliche Institutionen unterstützen, die für die Sicherheit und Stabilität im Land sorgen. Dadurch leistet die Evangelische Kirche einen wichtigen Beitrag zur Stärkung von Freiheit und gesellschaftlichem Zusammenhalt – beides Grundvoraussetzungen für eine funktionierende Demokratie.

Die säkulare Gesellschaft und die protestantische Kirche

These 1: In einer säkularen Gesellschaft werden Wahrheitsansprüche nicht mehr durch religiöse Autoritäten legitimiert. Religion muss ihre Sichtweisen als optionale Beiträge in den öffentlichen Diskurs einbringen und dort argumentativ überzeugen.

These 2: Religion ist besonders dort gefragt, wo sie Orientierung und Unterstützung bietet, etwa in Sinn- und Entscheidungsfragen, und wo sie Trost spendet, der „unvermeidliches Leid, nicht gesühntes Unrecht und die Kontingenzen von Not, Einsamkeit, Krankheit und Tod" (Habermas, Texte und Kontexte, 125) erträglicher werden lässt.

These 3: Die Evangelische Kirche nimmt in der säkularen Gesellschaft einen anerkannten Platz ein, indem sie ihre spezifischen Kompetenzen wie Seelsorge und gottesdienstliches Handeln auch außerhalb des kirchlichen Bereichs im säkularen Kontext anbietet. Dieses geschieht in der Überzeugung, dass Glaube und Gottvertrauen für das persönliche Leben und das gesellschaftliche Miteinander Bedeutung haben.

These 4: Seelsorge wird im hoheitlichen Bereich erbeten, weil sie einen Schutzraum für Gespräche bietet, dessen absolute Vertraulichkeit ein Alleinstellungsmerkmal ist. Gottesdienste ermöglichen in diesem Kontext öffentliche

Ausdrucksformen für Trauer und Klage, für die Erfahrungen von Dankbarkeit, Schuld, Leiden, Vergebung, Versöhnung und der Feier des Lebens und bringen so Bedürfnisse des Gemeinwesens zur Geltung.

These 5: Die Evangelische Kirche leistet einen wichtigen Beitrag zur gesellschaftlichen Verständigung, indem sie den Dialog zwischen unterschiedlichen Gruppen, Überzeugungen, Positionen, Konzepten, Programmen und Lebensformen fördert und auch initiiert. Sie setzt ihren Glauben an Versöhnung praktisch um und unterstützt Lösungswege, die die Vielfalt und das Existenzrecht verschiedener Positionen anerkennen.

These 6: Indem die Evangelische Kirche Bildungsverantwortung übernimmt - etwa im schulischen, universitären oder hoheitlichen Bereich -, bringt sie eine eigenständige ethische und religiöse Perspektive in gesellschaftliche Diskussionen ein. Sie wirkt dem entgegen, dass individuelle Überzeugungen verallgemeinert oder verabsolutiert werden.

These 7: In einer modernen, pluralistischen Gesellschaft verliert Religion durch fortgeschrittene Säkularisierung nicht zwangsläufig an Bedeutung. Vielmehr entstehen neue Formen religiöser Relevanz, die der Evangelischen Kirche vielfältige Möglichkeiten eröffnen, weiterhin lebensnah und handlungsrelevant zu wirken - vorausgesetzt, sie nimmt die Rolle eines optionalen religiösen Partners neben anderen an. Im Übrigen sieht, fördert und würdigt die Evangelische Kirche das Interesse und das Bedürfnis nach religiösen Vollzügen auch außerhalb der verfassten Kirche.

These 8: Die Evangelische Kirche wird in der Gesellschaft als Bewahrerin eines wertvollen kulturellen Wissensschatzes anerkannt. Wenn sie ihre besonderen Kompetenzen aktiv einbringt und dieses Wissen zugänglich macht, eröffnen sich ihr zahlreiche neue, bislang wenig genutzte Möglichkeiten für kirchliches Wirken in einer säkularen Gesellschaft. Voraussetzung dafür ist jedoch, dass für ihr Handeln und Reden nicht ausschließlich das Wohl der eigenen Religionsgemeinschaft erster Bezugspunkt ist.

Die lokale, regionale und überregionale Rolle und Bedeutung der Evangelischen Kirche

These 1: Die Evangelische Kirche anerkennt den wesentlichen Beitrag anderer Organisationen und Institutionen für Bildung und Zusammenhalt der Gesellschaft. Sie reklamiert für sich keinen Sitz höherer Warte oder gar eine Rolle als exklusive Mahnerin.

These 2: Die Evangelische Kirche wirbt um das gegenseitige Vertrauen und die Zusammenarbeit aller um das Gemeinwohl bemühten zivilgesellschaftlichen Organisationen und Verbände.

These 3: Die Evangelische Kirche geht in ihrer Region auf Verbände, Institutionen und Initiativen, die sich in Wirtschaft, Kultur, Politik, Bildung und Schule, Sport und Gesundheitswesen um das Gemeinwohl bemühen und dem verpflichtet sind, aktiv zu.

These 4: Die Evangelische Kirche initiiert nachhaltige Projekte und Initiativen im Netzwerk der zivilgesellschaftlichen Organisationen oder arbeitet bei solchen Projekten mit.

These 5: Die Evangelische Kirche wirbt aktiv um eine vertrauensvolle Zusammenarbeit mit den staatlichen Institutionen im demokratisch verfassten Staat. Dazu gehören der offene Diskurs und die wechselseitige kritische Begleitung.

These 6: Die Evangelische Kirche gewährleistet auch bei zurückgehenden Ressourcen die Wahrnehmung ihrer Verantwortung im hoheitlichen Bereich, wofür die Bundespolizeiseelsorge ein Beispiel ist. Sie ist bereit, Pfarrerinnen und Pfarrer für diese Aufgaben freizustellen. Damit würdigt sie diesen Arbeitsbereich, indem sie einen aktiven und verlässlichen Beitrag im demokratischen Verfassungsstaat leistet. So wird sie zudem dem Anspruch der Volkskirchlichkeit unter gegenwärtigen Bedingungen gerecht.

These 7: Die Evangelische Kirche thematisiert gesellschaftliche Fehlentwicklungen und Gefährdungen im Diskurs mit anderen, die sich für die freiheitliche und demokratische Gesellschaft engagieren.

These 8: In öffentlich werdenden Konflikten tritt die Evangelische Kirche vermittelnd auf und tritt dafür ein, verächtliches Reden zu mäßigen und ausgrenzendes Handeln zu unterlassen.

These 9: Die Evangelische Kirche ist bereit, als Vermittlerin in schwierigen Konflikten gefragt und herangezogen zu werden und wirkt in ihrem Reden und Handeln darauf hin, eine gesellschaftliche Position und Anerkennung dafür zu bekommen.

These 10: Die Evangelische Kirche wirkt in gesellschaftlichen Debatten unterstützend mit, bei nicht lösbaren Konflikten ausgleichende Lösungen zu finden, die die Gleichwertigkeit unterschiedlicher Standpunkte anerkennen.

These 11: Die Evangelische Kirche bringt die Kraft der Hoffnung, dass Gott der Erlöser ist, auch in öffentlichen Debatten zu Gehör und bindet diese Hoffnung an ihr Gottvertrauen.

These 12: Die Evangelische Kirche tritt deshalb allen Bestrebungen entgegen, Fragen der Verbesserung der Welt zu Heilsfragen zu machen und weist deutlich und unermüdlich darauf hin, dass politisches Handeln immer vorläufig ist.

These 13: Die Evangelische Kirche weiß aufgrund dieser Hoffnung darum, dass Traditionen geworden und gesellschaftliche Ideale vorläufig und veränderbar sind. Sie setzt sich dafür ein, den Zwang zu überwinden, das eigene Leben nur an den gewachsenen Traditionen und Idealen der Gesellschaft ausrichten zu müssen.

These 14: Die Evangelische Kirche bringt in die öffentliche Gedenkkultur unseres Landes in ihren Verantwortungsbereichen ihre Kompetenzen zu einem sachgerechten und hilfreichen Umgang mit Schuld und Vergebung ein, um Neuanfänge zu ermöglichen.

Literaturverzeichnis

Albrecht, Christian/Anselm, Reiner: Öffentlicher Protestantismus. Zur aktuellen Debatte um gesellschaftliche Präsenz und politische Aufgaben des evangelischen Christentums Theologische Studien – Neue Folge 4, Zürich 2017

Albrecht, Christian/Anselm, Reiner: Differenzierung und Integration. Fallstudien zu Präsenzen und Praktiken eines Öffentlichen Protestantismus, Tübingen 2020

ARD: »hartaberfair«, 22. November 2021. Talkshow. Zugegriffen 31. August 2025. https://www.youtube.com/watch?v=OtH_KKPwLPA

ARD: »Maischberger: Olaf Scholz über die Brandmauer zur AfD, Migrationspolitik und die Wirtschaftskrise – hier anschauen«, ARD Mediathek, 29. Januar 2025. Zugegriffen 30. September 2025. https://www.ardmediathek.de/video/maischberger/olaf-scholz-ueber-die-brandmauer-zur-afd-migrationspolitik-und-die-wirtschaftskrise/ard/Y3JpZDovL2Rhc2Vyc3RlLmRlL21lbnNjaGVuIGJlaSBtYWlzY2hiZXJnZXIvZTA0NDczYjctYzhlYS00ZWU4LWJhNGYtMmFhY2QyZTMwYTI5

Ärztinnen und Ärzte für individuelle Impfentscheidung e.V.: »Stellungnahme zur öffentlichen Anhörung ›Corona-Impfungen‹ des Gesundheitsausschusses des Deutschen Bundestages am 12. Oktober 2022«, 12. Oktober 2022. Zugegriffen 31. August 2025. https://www.bundestag.de/resource/blob/914804/88d71527ffcba004f3a7b4798e7f43e2/20_14_0056-4-_Aerztinnen-und-Aerzte-fuer-individuelle-Impfentscheidung_Stellungnahme-zur-Anhoerung-Einrichtungsbezogene-Impfpflicht-data.pdf

Bedford-Strohm, Heinrich: Bericht des Ratsvorsitzenden. Bericht des Rates der Evangelischen Kirche in Deutschland, 2. Tagung der 13. Synode der Evangelischen Kirche in Deutschland 7. bis 10. November 2021 Drucksache II/Teil A. Evangelische Kirche in Deutschland 2021, Zugegriffen 1. September 2025. https://www.ekd.de/ekd_de/ds_doc/s2021-TOP-II-A-Bericht-des-Rates-muendlich.pdf

Berliner Zeitung: »Alexander Dobrindt zu Verfassungsschutz-Bericht: Kein AfD-Verbotsverfahren«, 10. Juni 2025. Zugegriffen 6. Oktober 2025. https://www.berliner-zeitung.de/news/dobrindt-keine-ausreichende-grundlage-fuer-afd-verbotsverfahren-in-verfassungsschutzbericht-li.2332059

Blanke, Helmut/Jaschke, Hans-Jochen/Manzke, Karl-Hinrich/Jordanus von Sachsen Brand (Hrsg.): 50 Jahre Seelsorgevereinbarung in Bundesgrenzschutz und Bundespolizei. Religiöses Bekenntnis im neutralen Staat, Göttingen 2015

Bodderas, Elke. »Politiker gaben Ungeimpften die Schuld – aber die Daten erzählen eine andere Geschichte«, Neue Zürcher Zeitung, 6. Oktober 2025. Zugegriffen 13. Oktober 2025. https://www.nzz.ch/international/impfstatus-bei-den-meisten-corona-toten-ungeklaert-wie-deutschland-bei-pandemie-daten-versagte-ld.1905321

Bojanowski, Axel: Was Sie schon immer übers Klima wissen wollten, aber bisher nicht zu fragen wagten. Der Klimawandel zwischen Lobbygruppen und Wissenschaft, Neu-Isenburg 2024

Broszat, Martin u. a.: Von Stalingrad zur Währungsreform. Zur Sozialgeschichte des Umbruchs in Deutschland, München 1988

Bundesministerium für Gesundheit: »Schriftliche Frage im Monat Februar 2022, Arbeitsnummer 2/054«, 14. Februar 2022. Zugegriffen 1. September 2025. https://correctiv.org/wp-content/uploads/2022/02/20220214_AW_PSt_Prof_Franke_SF_2_054.pdf

CDU: »Unsere Haltung zu Linkspartei und AfD«, 2018. Zugegriffen 3. Oktober 2025. https://archiv.cdu.de/system/tdf/media/dokumente/cdu_deutschlands_unsere_haltung_zu_linkspartei_und_afd_0.pdf?file=1

Christliche Verantwortung in veränderter Welt. Die Deutschen Bischöfe 46, Bonn 1990

Dalferth, Ingolf. U.: Die Krise der öffentlichen Vernunft. Über Demokratie, Urteilskraft und Gott. Leipzig 2022

Deneen, Patrick J.: Why Libelarism Failed, New Haven 2018

Deutscher Bundestag: »Antwort der Bundesregierung auf die Kleine Anfrage der Abgeordneten Martin Sichert, Kay-Uwe Ziegler, Dr. Christina Baum, weiterer Abgeordneter und der Fraktion der AfD – Drucksache 21/186 – Drucksache 21/391«, o. J. Zugegriffen 13. Oktober 2025. https://dserver.bundestag.de/btd/21/003/2100391.pdf

DIE WELT: »Reaktionen auf Vance-Rede: ›Kümmere dich um deinen eigenen Kram‹, pöbelt Habeck – WELT«, 15. Februar 2025. Zugegriffen 29. September 2025. https://www.welt.de/politik/deutschland/article255442658/Reaktionen-auf-Vance-Rede-Kuemmere-dich-um-deinen-eigenen-Kram-poebelt-Habeck.html

Dietz, Alexander: Notwendige Differenzierungen in der Flüchtlingsdebatte. Kritische Anfragen in der Perspektive der Zwei-Regimenten-Lehre. ThLZ 142 (2017), 325–342

Dietz, Alexander: Theologische Ethik als Ideologiekritik. Beiträge zur Wirtschaftsethik, Medizinethik, Politischen Ethik sowie Umwelt- und Technologieethik, Leipzig 2025

Donzé, René: »Kirchen sollen keine Brandmauern, sondern Brücken bauen«, *NZZ*, 29. März 2025. Zugegriffen 16. September 2025. https://www.nzz.ch/nzz-am-sonntag/report-und-debatte/kirchen-sollen-keine-brandmauern-bauen-sondern-bruecken-ld.1877145

Dormeier, Detlev u. a.: Arbeit in der Antike, im Judentum und Christentum, Münsteraner judaistische Studien 20, Berlin 2006

Eberhardt, Wolfgang: Das Energiesystem der Zukunft. Ein Bauplan für die Energiewende und den Klimaschutz, Independently published, 2021

EKD-Denkschrift: Handwerk als Chance, Gütersloh 1987

EKD: »Kirchen schreiben Brandbrief an Abgeordnete«, 29. Januar 2025. Zugegriffen 30. September 2025. https://www.evangelisch.de/inhalte/238769/29-01-2025/asyl-antraege-der-union-kirchen-schreiben-brandbrief-abgeordnete

EKD: »Pressemitteilung 115-2021«, 8. September 2021. https://www.ekd.de/ekd_de/ds_doc/210908_PM_EKD-Ratsvorsitzender_ruft_zum_Schutz_von_Kindern_in_der_Pandemie_auf.pdf

EKD: Richtlinie der Evangelischen Kirche in Deutschland zur Erreichung der Netto-Treibhausgasneutralität (Klimaschutzrichtlinie-EKD) vom 16.9.2022. Zugegriffen 5. September 2025. https://www.kirchenrecht-ekd.de/pdf/51466.pdf

EKD: Umkehr zum Leben. Nachhaltige Entwicklung im Zeichen des Klimawandels. Eine Denkschrift des Rates der Evangelischen Kirche in Deutschland, Gütersloher Verlagshaus 2009. Zugegriffen 5. September 2025. https://www.ekd.de/ekd_de/ds_doc/klimawandel.pdf

epd: »Fehrs: Kandidatur für AfD nicht mit Kirchenamt vereinbar«. Evangelische Kirche in Deutschland, 28. März 2024. Zugegriffen 16. September 2025. https://www.ekd.de/fehrs-kandidatur-fuer-afd-nicht-mit-kirchenamt-vereinbar-83520.htm

Evangelische Kirche in Deutschland: »Beschluss der 11. Synode der Evangelischen Kirche in Deutschland auf ihrer 3. Tagung zur Frage der Laufzeitverlängerung von Kernkraftwerken und zur Endlagerung hochradioaktiver Abfälle«, in: Beschlüsse der 3. Tagung der 11. Synode der EKD Hannover, 07. bis 10. November 2010. 2010. Zugegriffen 19. Oktober 2025. https://evangelisch-im-wendland.de/wp-content/uploads/2013/10/2010-11-09-EKD-Synode-Laufzeitv-erl%C3%A4ngerung-von-Kernkraftwerken.pdf

Evangelische Kirche in Deutschland: »Beschluss zu Frieden – Gerechtigkeit – Bewahrung der Schöpfung«, in: Beschlüsse der 3. Tagung der 13. Synode der EKD vom 6. bis 9. November 2022 in Magdeburg. o.J. https://www.ekd.de/beschluss-frieden-gerechtigkeit-bewahrung-der-schoepfung-76163.htm

Evangelische Kirche in Deutschland. »Beschluss der 13. Synode der Evangelischen Kirche in Deutschland auf ihrer 3. Tagung zu Frieden – Gerechtigkeit – Bewahrung der Schöpfung«, in: *Beschlüsse der 3. Tagung der 13. Synode der EKD vom 6. bis 9. November 2022 in Magdeburg.* 2022. Zugegriffen 8. September 2025. https://www.ekd.de/ekd_de/ds_doc/11-Beschluss-zu-Frieden-Gerechtigkeit-Bewahrung-der-Schoepfung.pdf

Evangelische Kirche in Deutschland. »Beschluss der 13. Synode der Evangelischen Kirche in Deutschland auf ihrer 4. Tagung zur Auseinandersetzung mit gruppenbezogener Menschenfeindlichkeit und extremer Rechter«, In: *Beschlüsse 4. Tagung der 13. Synode der EKD 2023 vom 12. bis 15. November in Ulm.* 2023. https://www.ekd.de/ekd_de/ds_doc/14-Beschluss_zur_Auseinandersetzung_mit_gruppenbezogener_Menschenfeindlichkeit_und_extremer_Rechter.pdf

Evangelische Kirche in Deutschland: »Christliche Perspektiven für unser gesellschaftliches und politisches Miteinander. Wort des Rates der Evangelischen Kirche in Deutschland (EKD)«. 2025. Zugegriffen 15. Oktober 2025. https://www.ekd.de/ekd_de/ds_doc/wort_des_rates_demokratie_2025_bf.pdf

Evangelische Kirche in Deutschland (Hrsg.): Energieeinsparung: Umrisse einer umweltgerechten Politik im Angesicht der Klimagefährdung. Ein Diskussionsbeitrag des Wissenschaftlichen Beirats des Beauftragten für Umweltfragen des Rates der Evangelischen Kirche in Deutschland. EKD-Texte 31. Kirchenamt der EKD, 1990

Evangelische Kirche und freiheitliche Demokratie. Der Staat des Grundgesetzes als Angebot und Aufgabe, Denkschrift des Rates der EKD, Gütersloh 1985

Evangelische Kirche in Deutschland (Hrsg): Gefährdetes Klima: unsere Verantwortung für Gottes Schöpfung. Studie des Beirats der Beauftragten des Rates der Evangelischen Kirche in Deutschland für Umweltfragen. EKD-Texte 52. EKD, 1995. Zugegriffen 21. September 2025. https://www.ekd.de/22852.htm

Evangelische Kirche in Deutschland, Hrsg. »... und der Fremdling, der in deinen Toren ist«: eine Arbeitshilfe zum Gemeinsamen Wort der Kirchen zu den Herausforderungen durch Migration und Flucht. Gemeinsame Texte, Nr. 14. Kirchenamt der Evang. Kirche in Deutschland, 1998.

Frick, Marie-Luisa: Wenn das Recht an Verbindlichkeit verliert und die Zonen der Unordnung wachsen, rettet uns keine kosmopolitische Moral, in: Thomas Grundmann u. a. (Hrsg.), Welche und wie viele Flüchtlinge sollen wir aufnehmen?, Philosophische Essays, Stuttgart 2016, 70 ff.

Ganteför, Gerd: »Klima: Die Schuldfrage«, 7. September 2025. https://www.youtube.com/watch?v=zpeY10TD2fw

Ganteför, Gerd: Plan B für das Klima. Mit den Kräften der Natur den Klimawandel bewältigen, Neu-Isenburg 2024

Geden, Oliver: »Das Zwei-Grad-Ziel ist nicht haltbar«, 28. Oktober 2012. Taz. Zugegriffen 11. September 2025. https://taz.de/Zukunft-der-Klimaforschung/!5080822/

Graf, Friedrich Wilhelm: Der Protestantismus. Geschichte und Gegenwart, München 2017

Hufelschulte, Josef: »Geheimdienstakte Maaßen zeigt, was am Antisemitismus-Vorwurf dran ist«. 8. Juni 2025. Zugegriffen 6. Oktober 2025. https://www.focus.de/panorama/exklusive-geheimdienstakte-maassen-zeigt-was-am-antisemitismus-vorwurf-dran-ist_ac419ac6-0756-4b7e-9183-7785ec44d5b8.html

Institut für Demoskopie Allensbach: »FAZ-Monatsberichte – Institut für Demoskopie Allensbach (IfD)«. Zugegriffen 1. Oktober 2025. https://www.ifd-allensbach.de/studien-und-berichte/faz-monatsberichte.html#y2025

Habermas, Jürgen: Glauben und Wissen, Frankfurt/M. 2001

Habermas, Jürgen: Texte und Kontexte, Frankfurt/M. 1992

Habermas, Jürgen: Zwischen Naturalismus und Religion. Philosophische Aufsätze, Frankfurt/M. 2009

Härle, Wilfried; Dogmatik^2, Berlin 2000

Heintzen, Markus: »Die Vereinbarung über die Seelsorge in der Bundespolizei in staatsrechtlicher Perspektive«, in: 50 Jahre Seelsorgevereinbarung in Bundesgrenzschutz und Bundespolizei. Religiöses Bekenntnis im neutralen Staat, hrsg. von Helmut Blanke, Hans-Jochen Jaschke, Karl-Hinrich Manzke und Jordanus von Sachsen Brand. V&R Academic. Göttingen 2015

Huber, Wolfgang: Kirche, Berlin 1979

Huber, Wolfgang: Kirche in der Zeitenwende. Gesellschaftlicher Wandel und Erneuerung der Kirche, Gütersloh 1998

Joas, Hans: Glaube als Option. Zukunftsmöglichkeiten des Christentums, Freiburg 2023

Joas, Hans: Kirche als Moralagentur?, München 2016

Kaufmann, Thomas: Geschichte der Reformation in Deutschland, Berlin 2016

Kleinschmidt, Sebastian /Richert, Friedemann/Seidel, Thomas A.(Hrsg.): Bild der Welt und Geist der Zeit. Dem Zerfall von Kirche und Gesellschaft begegnen, Leipzig 2024

Kommissariat der deutschen Bischöfe – Katholisches Büro in Berlin –, Die Bevollmächtigte des Rates der Evangelischen Kirche in Deutschland bei der Bundesrepublik Deutschland und der Europäischen Union. »Gemeinsame Stellungnahme der Kirchen zum Zustrombegrenzungsgesetz«. 28. Januar 2025. Zugegriffen 19. Februar 2026. https://www.ekd.de/oekumenische-stellungnahme-zustrombegrenzungsgesetz-88221.htm

Körtner, Ulrich H. J: »Die Kirche als politische Volkskirche. Anspruch und Wirklichkeit«, in: Die Kirchen und der Populismus. Interdisziplinäre Recherchen in Gesellschaft, Religion, Medien und Politik, hrsg. von Ilona Nord und Thomas Schlag, Veröffentlichungen der Wissenschaftlichen Gesellschaft für Theologie (VWGTh) 59. Leipzig 2021

Körtner, Ulrich H. J.: Für die Vernunft. Wider Moralisierung und Emotionalisierung in Politik und Kirche, Leipzig 2017[2]

Körtner, Ulrich H. J.: Gesinnungs- und Verantwortungsethik in der Flüchtlingspolitik, in: Marianne Hembach-Steins (Hrsg.): Begrenzt verantwortlich? Sozialethische Positionen in der Flüchtlingskrise, Freiburg 2016, 66 ff.

Körtner, Ulrich H. J.: »Religion und Populismus«, Streit-Kultur 3, Nr. 1 (2025): 19–24. Zugegriffen 27. Dezember 2025. https://doi.org/10.1628/streit-kultur-2025-0005

Körtner, Ulrich H. J.: »Suchet der Stadt Bestes!« Diakonie und Öffentliche Theologie in der Diaspora. In: Domsgen, Michael/Foß, Tobias (Hrsg.): Diakonie im Miteinander: Zur Gestaltung eines diakonischen Profils in einer mehrheitlich konfessionslosen Gesellschaft, Leipzig 2021, 65–78

Körtner, Ulrich H. J.: Vergängliche Schöpfung. Schöpfungsglaube und Gottvertrauen in der Klimakrise, Leipzig 2024

Körtner, Ulrich H. J./Anselm, Reiner/Albrecht, Christian (Hrsg.): Konzepte und Räume Öffentlicher Theologie. Wissenschaft-Kirche-Diakonie (Öffentliche Theologie, Bd. 39), Leipzig 2020

Kurschus, Annette: »Kurschus: ›Impfen ist eine Pflicht aus christlicher Nächstenliebe heraus‹«, 23. Dezember 2021. Zugegriffen 30. September 2025. https://www.deutschlandfunk.de/interview-mit-der-ekd-ratsvorsitzenden-annette-kurschus-zu-impfpflicht-dlf-cb0ba68d-100.html

Kurschus, Annette: »Missbrauch überlagert alles, was die Kirchen positiv bewirken«, 12. Februar 2022. Augsburger Allgemeine. Zugegriffen 31. August 2025. https://www.augsburger-allgemeine.de/politik/interview-unsere-kirche-unterstuetzt-die-regierung-darin-keine-waffen-in-die-ukraine-zu-liefern-id61729461.html

Leineweber, Jonas/Seng, Eva-Marie: Immaterielles Kulturerbe und regionale Identitäten. Schützenwesen in Nordwestdeutschland, Hamburg 2025

Levinger, Hannah: »Seltene Gelegenheit: Welche Chancen bestehen für weniger Abhängigkeit bei Seltenen Erden?« KfW Research Fokus Volkswirtschaft Nr. 516, September 2025. Zugegriffen 27. September 2025. https://www.kfw.de/PDF/

Download-Center/Konzernthemen/Research/PDF-Dokumente-Fokus-Volkswirtschaft/Fokus-2025/Fokus-Nr.-516-September-2025-Seltene-Erden.pdf

Lexikon der Nachhaltigkeit. »EKD: Evangelische Kirche in Deutschland«, https://www.nachhaltigkeit.info/artikel/evangelische_kirche_698.htm

»Migration menschenwürdig gestalten. Gemeinsames Wort der Deutschen Bischofskonferenz und des Rates der EKD in Zusammenarbeit mit der ACK in Deutschland«, Gemeinsame Texte 27, 2021. https://www.ekd.de/migration-menschenwuerdig-gestalten-68831.htm.

Meireis, Torsten: »Die Rückkehr des ›Prophetischen Wächteramts der Kirche‹?« In: Körtner, Ulrich H. J./Anselm, Reiner/Albrecht, Christian (Hrsg.): Konzepte und Räume Öffentlicher Theologie. Wissenschaft-Kirche-Diakonie (Öffentliche Theologie, Bd. 39), Leipzig 2020, 27–41

Middelhoff, Paul: »Antifa: Da brennt was durch«, Die Zeit (Hamburg), 5. November 2025. Zugegriffen 11. November 2025. https://www.zeit.de/2025/47/antifa-afd-brandanschlag-linksextremismus-gewalt-demokratie-gxe

Möllers, Christoph: »Keiner hat die autoritäre Wende vorausgesehen, aber alle fühlen sich durch sie bestätigt«, 23. Mai 2025. Republik. Zugegriffen 3. Oktober 2025. https://www.republik.ch/2025/05/23/keiner-hat-die-autoritaere-wende-vorausgesehen-aber-alle-fuehlen-sich-durch-sie-bestaetigt

Nipperdey, Thomas: Deutsche Geschichte 1800–1866. Bürgerwelt und starker Staat, München 1987

ntv: »Habeck über Vance: ›Kümmere dich um deinen eigenen Kram‹«, ntv.de, 15. Februar 2025. Zugegriffen 30. September 2025. https://www.ntv.de/mediathek/videos/politik/Habeck-ueber-Vance-Kuemmere-dich-um-deinen-eigenen-Kram-article25565693.html

Nuyken, Wessel: »Die Entwicklung der Grenzschutzseelsorge aus ihren ersten Anfängen bis heute«, in: Der Dienst der Evangelischen Seelsorge im Bundesgrenzschutz 1954–1978, hrsg. vom Beauftragten für die Evangelische Seelsorge im Bundesgrenzschutz. Melsungen o. J.

Ogorek, Markus: Rechtswissenschaftliche Untersuchung der Bedeutung des Gutachtens des Bundesamtes für Verfassungsschutz über die Einstufung der »Alternative für Deutschland« als gesichert rechtsextremistisch für ein mögliches gegen die Partei gerichtetes Verbotsverfahren. Rechtswissenschaftliche Untersuchung, Universität zu Köln 2025. https://www.politico.eu/wp-content/uploads/2025/08/20/Untersuchung-BfV-Gutachten-und-AfD-Parteiverbot.pdf

Pannenberg, Wolfhart: Systematische Theologie, Band III, Göttingen 1993

Pannenberg, Wolfhart: Thesen zur Theologie der Kirche, München 1970

phoenix: Reg. AfD gesichert rechtsextrem: Statement von Bundesinnenministerin Nancy Faeser, 02.05.2025. 2025. 11:05. Zugegriffen 23. Oktober 2025. https://www.youtube.com/watch?v=aS0-Z7nwz08

phoenix: Reg. Kirsten Fehrs (EKD) zum Umgang der Kirche mit der AfD, 17.04.25. 2025. 7:25. Zugegriffen 29. September 2025. https://www.youtube.com/watch?v=h7Bpr7x47D4

Pompe, Hans Herrmann: Kirchensprung. Warum Kirchenentwicklung und Mission einander brauchen, MIDI-Studie, Leipzig 2022

Prantl, Heribert: Der Staat scheut es, sich mit seiner Pandemie-Politik auseinanderzusetzen, o.J. Zugegriffen 11. Dezember 2025. https://heribertprantl.de/artikel/der-staat-scheut-es-sich-mit-seiner-pandemie-politik-auseinanderzusetzen/

Prantl, Heribert: »Heribert Prantl zu Corona-Urteil: ›Ich bin ungläubig, empört, zornig!‹«, 4. Dezember 2021. Zugegriffen 11. Dezember 2025. https://www.berliner-zeitung.de/politik-gesellschaft/prantl-zu-corona-urteil-ich-bin-unglaeubig-empoert-zornig-li.198750

Precht, Richard David: Angststillstand. Warum die Meinungsfreiheit schwindet, München 2025

Reinhard Kardinal Marx: »Wir sind ein Einwanderungsland, und das ist gut so«, 8. April 2025. DIE ZEIT. Zugegriffen 18. September 2025. https://www.zeit.de/politik/2025-04/kardinal-reinhard-marx-migration-rechtspopulismus-kirche-papst

Robert Koch-Institut: »COVID-19 Krisenstabprotokolle«, 5. November 2021. Zugegriffen 31. August 2025. https://www.rki.de/DE/Themen/Infektionskrankheiten/Infektionskrankheiten-A-Z/C/COVID-19-Pandemie/Protokolle/COVID-19-Krisenstabsprotokolle_Teil2_Download.pdf?__blob=publicationFile&v=3

Sautermeier, Jochen: Kirche – nur eine Moralagentur? Eine Selbstverortung, Freiburg 2019

Schilling, Heinz: Das Christentum und die Entstehung des modernen Europa. Aufbruch in die Welt von heute, Freiburg 2022

Schmid, Heinrich: Die Dogmatik der Evangelisch-Lutherischen Kirche, Gütersloh 1979

Simojoki, Henrik: Globalisierte Religion. Ausgangspunkte, Maßstäbe und Perspektiven religiöser Bildung in der Weltgesellschaft, Tübingen 2022

Skea, Jim: »Bei 1,5 Grad Erwärmung geht die Welt nicht unter«, 29. Juli 2023. DER SPIEGEL. Zugegriffen 11. September 2025. https://www.spiegel.de/wissenschaft/ipcc-chef-jim-skea-bei-1-5-grad-erwaermung-geht-die-welt-nicht-unter-a-13dd35aa-1a80-41b8-b966-911015fd9085

Spahn, Jens: »Unions-Fraktionsvize Jens Spahn: Wähler der AfD nicht ignorieren!« 11. April 2025. BILD. Zugegriffen 29. September 2025 https://www.bild.de/politik/inland/unions-fraktionsvize-jens-spahn-waehler-der-afd-nicht-ignorieren-67f91ea9d3c8b15d15dcf7e5

Streeck, Hendrik: »Virologe Streeck zieht Pandemie-Bilanz: ›Die Spaltung wirkt bis heute‹«, 13. März 2024. Frankfurter Rundschau. Zugegriffen 2. September 2025. www.fr.de/-92897849.html

Taylor, Charles: Ein säkulares Zeitalter, Frankfurt/M. 2012

Thomas, Günter: »Gerechtigkeit, Frieden und Bewahrung der Schöpfung«. Abschied von einer ebenso populären wie irreführenden Doppelformel, in: Sebastian Kleinschmidt/Friedemann Richert/Thomas A. Seidel (Hrsg.): Bild der Welt und Geist der Zeit. Dem Zerfall von Kirche und Gesellschaft begegnen, Leipzig 2024

Thurau, Jens: »Innenminister: Rechtsextreme in Deutschland immer jünger – DW – 10.06.2025«, dw.com. Zugegriffen 20. Oktober 2025. https://www.dw.com/de/innenminister-dobrindt-warnt-rechtsextreme-werden-j%C3%BCnger-rechtsextremismus-afd-v4/a-72857193

t-online: »›Übergriffig‹: Nach Rede in München – Merz konfrontiert J.D. Vance bei Treffen«, 14. Februar 2025. Zugegriffen 29. September 2025. https://www.t-online.

de/nachrichten/deutschland/aussenpolitik/id_100602100/sicherheitskonferenz-merz-konfrontiert-vance-nach-rede-in-muenchen.html

Vance, James David: »Speech by JD Vance and Selected Reactions«, in: Selected Speeches held at the Munich Security Conference 2025 ed. by Benedikt Franke, II. 2025. Zugegriffen 18. September 2025. https://securityconference.org/assets/user_upload/MSC_Speeches_2025_Vol2_Ansicht.pdf

Vereinte Nationen (Hrsg.): Millenniums-Entwicklungsziele. Bericht. Vereinte Nationen, 2015. https://www.un.org/german/sites/default/files/2024-09/MDG%25202015%2520web.pdf

Vertrauen in die Demokratie stärken. Gemeinsame Texte der DBK und des Rates der EKD Nr. 26, Bonn/Hannover 2019

Völkischer Nationalismus und Christentum sind unvereinbar, Erklärung der Deutschen Bischofskonferenz von Februar 2024. www.katholisch.de/artikel/51292-deutsche-bischoefe-grenzen-sich-klar-ab-vom-rechtsextremismus.de

Waldhoff, Christian: »Die rechtlichen Grundlagen der Seelsorge in der Bundespolizei«, in: 50 Jahre Seelsorgevereinbarung in Bundesgrenzschutz und Bundespolizei. Religiöses Bekenntnis im neutralen Staat, hrsg. von Helmut Blanke, Hans-Jochen Jaschke, Karl-Hinrich Manzke und Jordanus von Sachsen Brand. Göttingen 2015

Welker, Michael: Kirche im Pluralismus, Gütersloh 1995

Wenz, Gunther (Hrsg.): Kirche und Reich Gottes. Zur Ekklesiologie Wolfhart Pannenbergs, Pannenberg-Studien 3, Göttingen 2017

Wenz, Gunther. »Vorschein des Künftigen - Wolfhart Pannenbergs akademische Anfänge und sein Weg zur Ekklesiologie«. In Kirche und Reich Gottes / Gunther Wenz (Hg.), Göttingen, 2017, 13–47

Wilkens, Erwin: Vertreibung und Versöhnung. Die Ostdenkschrift als Beitrag zu deutschen Ostpolitik, Hannover 1986

Wißmann, Hinnerk. »Kooperation im öffentlichen Raum – Staat und Kirche im Religionsverfassungsrecht der Bundesrepublik Deutschland«, in: 50 Jahre Seelsorgevereinbarung in Bundesgrenzschutz und Bundespolizei. Religiöses Bekenntnis im neutralen Staat, hrsg. von Helmut Blanke, Hans-Jochen Jaschke, Karl-Hinrich Manzke und Jordanus von Sachsen Brand. Göttingen 2015

Studien:

KMU 5, Zwischen Engagement und Indifferenz. Kirchenmitgliedschaft als soziale Praxis, Gütersloh 2014

KMU 6, Wie hältst du's mit der Kirche? Zur Relevanz von Kirche und Religion in der pluralen Gesellschaft, Freiburg 2025

Freiburger Studie zur Kirchenmitgliedschaft und Kirchensteuer. Analysen-Chancen-Visionen, Neukirchen 2020